ମନୋରଞ୍ଜନର କବିତା 'ଚାହାରେ ଟିକେ ସର ପକେଇଲା ପରି'।

- ଜୟନ୍ତ ମହାପାତ୍ର

ମନୋରଞ୍ଜନ 'ଅଳ୍ପ ଲେଖି ସିଦ୍ଧ'।

- ରାଜେନ୍ଦ୍ର କିଶୋର ପଣ୍ଡା

କୌଣସି ବାଦ, ତତ୍ତ୍ୱ ବା କୌଣସି ନିର୍ଦ୍ଦିଷ୍ଟ ବିଚାରଧାରାର ଊର୍ଦ୍ଧ୍ୱରେ
ବିଶେଷକରି, ଚାପମୁକ୍ତ ମନୋରଞ୍ଜନର କବିତା।

- ରାମଚନ୍ଦ୍ର ବେହେରା

କବିତା 'ଜେଜେଙ୍କ ଚଷମା'ର ଗୋଟେ ଗୋଟେ ଧାଡ଼ି ଗୋଟେ
ଗୋଟେ ପୃଷ୍ଠାରେ ରଖି ଏକ ଚିତ୍ର କବିତା ସଂକଳନଟେ
କରାଯାଇପାରେ।

- ପ୍ରକାଶ କୁମାର ପରିଡ଼ା

ମନୋରଞ୍ଜନର କବିତା ପୃଥିବୀକୁ ବାରମ୍ବାର ଫେରିବାର ପ୍ରତିଶ୍ରୁତି ଦିଏ,
ମୋକ୍ଷ ପାଇଁ ଗୁହାରି କରେ।

- ଅତୁଲ ବଳ

ଖାଲି ହାତରେ

ଖାଲି ହାତରେ

ମନୋରଂଜନ ସାହୁ

ବ୍ଲାକ୍ ଇଗଲ୍ ବୁକ୍ସ
ଭୁବନେଶ୍ୱର, ଓଡ଼ିଶା

BLACK EAGLE BOOKS
Dublin, USA

ଖାଲି ହାତରେ / ମନୋରଂଜନ ସାହୁ
ବ୍ଲାକ୍ ଈଗଲ୍ ବୁକ୍ସ : ଭୁବନେଶ୍ୱର, ଓଡ଼ିଶା • ଡବଲିନ୍, ଯୁକ୍ତରାଷ୍ଟ୍ର ଆମେରିକା

BLACK EAGLE BOOKS
USA address:
7464 Wisdom Lane
Dublin, OH 43016

India address:
E/312, Trident Galaxy, Kalinga Nagar,
Bhubaneswar-751003, Odisha, India

E-mail: info@blackeaglebooks.org
Website: www.blackeaglebooks.org

First edition in 2009, Ezy's Publication, BBSR

First International Edition Published by
BLACK EAGLE BOOKS, 2022

KHALI HATARE
by **Manoranjan Sahoo**
Cell : 9937430198
Email: msahoo9937@gmail.com

Copyright © Manoranjan Sahoo

All rights reserved. No part of this publication may be reproduced, stored in a retrieval system, or transmitted, in any form or by any means, electronic, mechanical, photocopying, recording or otherwise without the prior permission of the publisher.

Cover Concept: **Krusna Sabaramati**
Interior Design: Ezy's Publication

ISBN- 978-1-64560-388-7 (Paperback)

Printed in the United States of America

ଉତ୍ସର୍ଗ

ନୂଆକରି ଭାଷା ଶିଖୁଥିବା, ଅକ୍ଷର ଚିହ୍ନୁଥିବା
ପୃଥିବୀର ସମସ୍ତ କୁନି କୁନି ପିଲାମାନଙ୍କୁ....

ପରିବାରର ଶ୍ମଶାନରେ
ଯୋଡି ଦେଲି ବାପାଙ୍କ ନାଆଁ
ସଫା କରି ଦେଇ ଜାଗାଟିଏ
ମୋ ପାଇଁ।

-ଜେନ୍ କବିତା, କବି ନିକୋଲାସ୍ ଭର୍ଜିଲିଓ
(୧୯୨୮-୧୯୮୯)

ଦୁଇ ପଦ କଥା

ମୋର ଖୁସି ଆଜି ମୋର ଦ୍ୱିତୀୟ କବିତା ସଂକଳନ "ଖାଲି ହାତରେ"ର ଦ୍ୱିତୀୟ ସଂସ୍କରଣ ପ୍ରକାଶ ପାଉଛି। ଏଇଟିର ପ୍ରଥମ ପ୍ରକାଶ ୨୦୦୯ ମସିହାରେ ହୋଇଥିଲା। ବନ୍ଧୁ ଅଶୋକ ପରିଡ଼ା ତା'ର ସମସ୍ତ ଦାୟିତ୍ୱ ନେଇ ତାଙ୍କର 'ଇଜିସ୍ ପବ୍ଲିକେଶନ୍' ମାଧ୍ୟମରେ ଏଇଟିକୁ ପ୍ରକାଶ କରିଥିଲେ, ଆଉ ଏହାର ଦିତ୍ୱୀୟ ସଂସ୍କରଣର ଘଟସୂତ୍ର ମଧ୍ୟ ସେ। ତାଙ୍କ ସହଯୋଗ ଓ ଉତ୍ସାହ ପାଇଁ ତାଙ୍କୁ ଧନ୍ୟବାଦ ଜଣାଉଅଛି।

"ବ୍ଲାକ୍ ଈଗଲ ବୁକ୍ସ" ପ୍ରକାଶନୀ ସଂସ୍ଥାର ପ୍ରାଣ ପ୍ରତିଷ୍ଠାତା ସୁସାହିତ୍ୟିକ କବି ଶ୍ରୀଯୁକ୍ତ ସତ୍ୟ ପଟ୍ଟନାୟକ ଭାଇଙ୍କୁ କୃତଜ୍ଞତା ଜଣାଉଅଛି, ସେ ଏହାକୁ ପ୍ରକାଶ କରିବାକୁ ସହୃଦୟତାର ସହ ସମ୍ମତି ପ୍ରଦାନ କରିଥିବାରୁ।

"ଖାଲି ହାତରେ" କବିତା ସଂକଳନରେ ଥିବା କବିତାଗୁଡ଼ିକର ପାଠକୀୟ ଆଦୃତି ସହିତ ଏହି ସଂକଳନଟିର ବଜାର ଉପଲବ୍ଧ ଏବେ ନଥିବାରୁ ଏହାର ଦ୍ୱିତୀୟ ସଂସ୍କରଣ ପାଇଁ ଇଚ୍ଛା ପ୍ରକାଶ କରୁଅଛି।

ଏହାର କବିତାଗୁଡ଼ିକୁ ସାହିତ୍ୟ ପୃଷ୍ଠାରେ ସ୍ଥାନ ଦେଇ ପ୍ରକାଶ କରିଥିବା ପତ୍ରପତ୍ରିକା ଓ ଦୈନିକ ଖବରକାଗଜର ସମ୍ପାଦକମାନଙ୍କୁ ମୋର କୃତଜ୍ଞତା ଜ୍ଞାପନ କରୁଅଛି।

ମୋର କଲେଜ ପଢ଼ା ସମୟରେ 'ପ୍ରତିବେଶୀ'ରେ ମୋ କବିତାକୁ ପ୍ରଥମ କରି ପ୍ରକାଶ କରିଥିବା ସୁସମ୍ପାଦକ ପ୍ରିୟ କବି ଶ୍ରୀଯୁକ୍ତ ହରପ୍ରସାଦ ଦାସ ମହାଶୟ, ପରେ ପରେ ଶ୍ରୀଯୁକ୍ତ ଶ୍ୟାମା ପ୍ରସାଦ ଚୌଧୁରୀ, "ଉଦ୍‌ଭାଷ"ର ସମ୍ପାଦିକା ପ୍ରିୟକବି ଶ୍ରୀମତୀ ପ୍ରତିଭା ଶତପଥୀ, "ଶୈଳଜା"ର ସମ୍ପାଦକ କବି ଶ୍ରୀଯୁକ୍ତ ବିଜୟ ବଳ ଓ "ଜନସୁଧାର" ସମ୍ପାଦକ ଶ୍ରୀଯୁକ୍ତ ଦିଲ୍ଲିପ କୁମାର ବେଉରାଙ୍କଠାରେ ମୁଁ କୃତଜ୍ଞ।

ଏସବୁ କବିତା ଉପରେ ଆଲୋଚନା କରିଥିବା ଶିକ୍ଷାବିତ୍ ପ୍ରାବନ୍ଧିକ ଶ୍ରୀଯୁକ୍ତ ଅଭିରାମ ବିଶ୍ୱାଳ, କବି ଡଃ ଅପର୍ଣ୍ଣା ମହାନ୍ତି, କବି ମୋନାଲିସା ଜେନା, କବି ଡଃ ଦିଲ୍ଲିପ କୁମାର ସ୍ୱାଇଁ, ପ୍ରାବନ୍ଧିକ ଡଃ ବେଣୁଧର ପାଢୀ, ଗାଳ୍ପିକ କବି ଅତୁଲ ବଳ, ଗାଳ୍ପିକ ଡଃ ଅରବିନ୍ଦ ଧଳ, ସାମ୍ବାଦିକ ବନ୍ଧୁ ମାନସ ପଣ୍ଡାଙ୍କୁ ମୋର ଅନ୍ତରର କୃତଜ୍ଞତା ଜଣାଉଅଛି।

ପ୍ରିୟ କବି ଜୟନ୍ତ ମହାପାତ୍ର, ପ୍ରିୟ ଗାଳ୍ପିକ ରାମଚନ୍ଦ୍ର ବେହେରାଙ୍କ ଏତେ ଭଲପାଇବା ତାଙ୍କୁ ଶୀର୍ଷକ କରି କବିତା ଲେଖି ପାରିଥିବାରୁ ନିଜକୁ ଧନ୍ୟ ମନେ କରୁଛି।

ଶହେ ବର୍ଷର ଓଡ଼ିଆ କବିତା Varnamala Anthology of odia Poetry (1901-2000)ରେ କତିପୟ କବିଙ୍କ ଭିତରେ ମତେ ସ୍ଥାନ ଦେଇ ମୋର ଏକ କବିତାର (ଉକ୍ତ ସଂକଳନରେ ଥିବା ପ୍ରଥମ କବିତା "ଜେଜେଙ୍କ ଚଷମା") ଇଂରାଜୀ ଅନୁବାଦ ପ୍ରକାଶ କରିଥିବାରୁ ପ୍ରିୟ କବି ଶ୍ରୀଯୁକ୍ତ ରାଜେନ୍ଦ୍ର କିଶୋର ପଣ୍ଡାଙ୍କୁ ପ୍ରଣାମ କରୁଅଛି।

କବି ଶ୍ରୀଯୁକ୍ତ ରବୀନ୍ଦ୍ର କୁମାର ସ୍ୱାଇଁ (ଇଂରାଜୀ କବି) ମୋର କବିତାକୁ ଇଂରାଜୀରେ ଅନୁବାଦ କରିଥିବାରୁ, କବି ଅନୁବାଦକ ଶ୍ରୀଯୁକ୍ତ କୁମାର ହସନ୍ ମୋର କେତୋଟି କବିତାକୁ ହିନ୍ଦୀରେ ଅନୁବାଦ କରି ପ୍ରକାଶ କରିଥିବାରୁ, ପ୍ରାବନ୍ଧିକ ଡଃ ବେଣୁଧର ପାଢୀ ତାଙ୍କର "ଓଡିଆ ସାହିତ୍ୟର ଇତିହାସରେ" ମତେ ସ୍ଥାନ ଦେଇ ଆଲୋଚନା ପୃଷ୍ଠାକୁ ଆଣିଥିବାରୁ ସେମାନେ ମୋର ପ୍ରଣମ୍ୟ। ସେମାନଙ୍କର ଋଣ ସ୍ୱୀକାର କରୁଛି।

"କିଛି ଲେଖ୍ କିଛି କର୍" ଯାହା ପାଟିରୁ ସବୁବେଳେ ବାହାରେ, ମୋ ସହ ଛାଇ ପରି ଥାଏ ଆଉ ମୋ କବିତାର ସେ ଜଣେ ବଡ ସମାଲୋଚକ ବନ୍ଧୁ ସରୋଜକୁ ସ୍ୱାଗତ କରୁଛି।

ଯାହାଙ୍କ ଆଦ୍ୟ ସାହଚର୍ଯ୍ୟ ପାଇଛି, କବି ଦୀପକ ମିଶ୍ର, କବି ବ୍ରହ୍ମାନନ୍ଦ ଦାସ, ଗାଳ୍ପିକ ଅଦ୍ୱୈତ ମହାନ୍ତିଙ୍କୁ ଗଭୀର ଶ୍ରଦ୍ଧାଞ୍ଜଳି ଜ୍ଞାପନ କରୁଛି।

କବି ସୂର୍ଯ୍ୟ ମିଶ୍ର, କବି ମନୁଆ ଦାସ୍, କବି ପିତାମ୍ବର ନାୟକ (ଇଂରାଜୀ କବି ଅନୁବାଦକ) ଡଃ ବାସୁଦେବ ଦାସ, ରମେଶ ପ୍ରତାପ, ଶତ୍ରୁଘ୍ନ ପାଣ୍ଡବ, ଆର୍ଯ୍ୟ ଯଜ୍ଞଦତ୍ତ, କ୍ଷୀରୋଦ ପରିଡ଼ା, ହରେକୃଷ୍ଣ ବରାଳ, ସୁବାସ ମହାପାତ୍ର, ବିଜୟାନନ୍ଦ ସିଂ, ପ୍ରକାଶ କୁମାର ପରିଡ଼ା, ପ୍ରମୋଦ ପ୍ରତାପ, ତରୁଣ କୁମାର ସାହୁ, ସର୍ବେଶର ସେଣ, ଲିଙ୍ଗରାଜ ମହାନ୍ତି, ହେମନ୍ତ ଜେନା, ପ୍ରେମାନନ୍ଦ ଖଣ୍ଡୁଆଳ, ଶ୍ରୀଧର ସାମଲ, ନିରଞ୍ଜନ ମେକାପ, ଗିରୀଶ ସାହୁ, ଯତୀନ୍ଦ୍ର କୁମାର ରାଉତ, ଗାୟତ୍ରୀ ଆର୍ଯ୍ୟ, ବୃନ୍ଦାବନ ଦାସ, ନିରଞ୍ଜନ ଜେନା, ନବଜ୍ୟୋତି ରାୟ, ପ୍ରିୟବନ୍ଧୁ ବିରଜା ରାଉତରାୟ, ପ୍ରଦୀପ ଭାଇ, ନିଗମ ଭାଇ, ସଂଗ୍ରାମ ଭାଇ, ସାନଭାଇ ମାତୃଦତ୍ତ, ରଞ୍ଜନ, ଡା. ରଶ୍ମିରଞ୍ଜନ, ଆଲୋକ, ସାନବୋହୂ ତନୁଶ୍ରୀ, ଶ୍ରଦ୍ଧେୟ ଭବାନୀ, ପବିତ୍ର ବ୍ରହ୍ମପୁତ୍ର, ବାପୁ ଯେଉଁମାନେ ମତେ ଖୋଜନ୍ତି କବିତାରେ ସେମାନଙ୍କୁ ଶୁଭେଚ୍ଛା।

ଏହାର ଦ୍ୱିତୀୟ ସଂକଳନର ପ୍ରଚ୍ଛଦ ପରିକଳ୍ପନା କରିଥିବା ମୋ ଝିଅ କୃଷ୍ଣାକୁ ଧନ୍ୟବାଦ ଜଣାଉଅଛି।

ମୋ ଲେଖାଲେଖିରେ ଅଧିକ ଖୁସି ବ୍ୟକ୍ତ କରୁଥିବା ଆଉ ଇହ୍ୟଧାମରେ ନଥିବା ମୋର ବାପା, ବୋଉଙ୍କୁ ଭୂମିଷ୍ଠ ପ୍ରଣାମ କରୁଛି।

ମୋର ସବୁ ଅସହାୟତାରେ ସହାୟତାର ହାତ ବଢ଼ାଇଥିବା ପତ୍ନୀ ଶାନ୍ତିକୁ ବଧେଇ ଜଣାଉଅଛି।

ଖାଲି ହାତରେ ଆଜି ମତେ ଲାଗୁଛି ଯେମିତି ସ୍ୱର୍ଗରୁ ମୁଁ ବିତାଡିତ ଏଠି, ଏ ମାଟିରେ ବିଚରଣ କରୁଛି କବିତା ପାଇଁ -

ମନୋରଞ୍ଜନ

ଇନ୍ଦୁପୁର
ତା ୧୯-୩-୨୦୨୩

ସୂଚୀ

ଜେଜେଙ୍କ ଚଷମା ➢ ୧୭

ଜୟନ୍ତ ମହାପାତ୍ରଙ୍କ ସହ ଦିନେ ➢ ୧୯

ବାପାଙ୍କ ସାଇକେଲ ➢ ୨୨

ସେମାନେ ଫଟ ମାଗନ୍ତି ➢ ୨୪

ଜେଜେଙ୍କ ଅସ୍ଥି ➢ ୨୯

ଏଥର ଜମିକୁ ଭାଗଦେବାକୁ ହେଲା ➢ ୩୪

ଟିଭିରେ ଡ଼ାଲଖାଇ ➢ ୩୭

ଭଲପାଇବା ➢ ୩୮

ପାନି ମାରିଗଲା ଝାଇଁ ➢ ୩୯

ଆମେ ବ୍ୟସ୍ତ ହେବା ➢ ୪୧

ସେଦିନ ସକାଳେ ➢ ୪୫

କୁନି ପିଲାଟି ପାଇଁ ଫଟ ➢ ୪୭

ବୋଉ କଥା ➢ ୪୮

ସଂଧ୍ୟା ➢ ୪୯

ଗୋକୁଲା ମାଆ ଧୋବଣୀ ➢ ୫୧

ଏସନ ଲୁଣା ଖୁବ୍ ମାତିଲା ➢ ୫୩

ନଈବାଲି ➢ ୫୬

ସମୟ ନାହିଁ ➢ ୫୮

ଭଉା ୬୧
ବାରୁଣୀ ବାରିକ ବନାମ୍ ମୂଷା ପ୍ରସଙ୍ଗ ୬୩
ନଇବାଲି ୬୫
ଭୀମ ଭୋଇର ଗାଆଁ ୬୬
ବର୍ଷାଦିନ ୬୯
ମାମୁଘର ଗାଆଁ ୭୧
ବୋଉ ୭୩
ବୁଢ଼ିଆଣୀ ୭୪
ଯଦିଓ ଝିଅ ପାଇଁ ୭୭
କନ୍ଧମାଳ ସେଦିନ କୃଷ୍ଣପକ୍ଷ ଅଷ୍ଟମୀ ତିଥିର ରାତି ୮୩
ସେ ଆଡ଼େ ସମୁଦ୍ର ୮୬
ଆମେରିକା ୮୭
ଦେଶ ୮୯
ମଲାଙ୍ଗ ୯୩
କେବଳ ପାକିସ୍ତାନ ପାଇଁ ୯୫
ରହିବାକୁ ଜାଗା ନାହିଁ ୯୮
ଅକ୍ଷରଧାମ ୧୦୧
ଖାଲି ହାତରେ ୧୦୩

ଜେଜେଙ୍କ ଚଷମା

ଜେଜେ ଯେଉଁଠି ତାକୁ ଖୋଜୁଥାନ୍ତି
ସେଠି ସେ ନ ଥାଏ।

ଖଳାକୁ ଆସିବା ଆସିବା ହେଉଥାଏ ପାଚିଲା ଧାନ
ଶୀତ, ମୁଆଁ ସଂକରାନ୍ତି
ବୁଢ଼ା ହେଇ ଯାଉଥାଏ ପିଢ଼ାର ଲାଉ
ବାଡ଼ି ସଜନା ଡାଳରେ ମାଂକଡ଼
କାଂଦିରୁ ଭଂଗା ଯାଇ ନ ଥାଏ ଏଯାଏଁ ଭଣ୍ଡା
ତାଙ୍କର ଏବେ ନିଘା ନ ଥାଏ ଏସବୁରେ
ସେ, ଠାକୁରଙ୍କ ପରି ବସିଥାନ୍ତି
ଦାଣ୍ଡପିଣ୍ଡାରେ ତେଣେ
ଗୋଟାପଣ ମେଲା ବାରିଆଡ଼େ
ଏମିତି ସମୟ ଆସିବ ବୋଲି ସତରେ ଜେଜେ
ଭାବି ନ ଥିଲେ ଥରେ।

ତାଙ୍କର ସଜଡ଼ା ସଜଡ଼ି ଘରକରଣା
ସ୍ୱପ୍ନ ସାଇତା କାଠବାକ୍ସର ଚାବି ଏବେ ଏଇଠି ଥାଏ;
ଦାନ୍ତିଆରେ ବଂକୁଲୀ ବାଡ଼ି

କବାଟ କଣରେ କାଠବେଣ୍ଟିଆ ଛତା
କାନ୍ଥ କଂଟାରେ ଟଙ୍ଗା ଯାଇଥାଏ ବଟୁଆ
ଭାଗବତ ମୁଣ୍ଡ ଉପରେ
ପୁରୀ ନିର୍ମାଲ୍ୟ କାନ୍ଥର ଗୋଟେ ତିନିକୋଣିଆ ଠଣାରେ,
ନାତିଟୋକା ଏବେ ଆଉ ପାଖ ପଶେନି
ବୋହୂ ତରତର ହେଉଥାଏ ଚୂଲି ପାଖରେ
ପୁଅର ଚିଠି -
"ହେଇ ଯାଉଛି"।

ଆଉ ପୁଣି କ'ଣ ଖୋଜୁଥାନ୍ତି ଜେଜେ ?
ପିଲାଟିବେଳୁ ଦେଖି ଆସୁଥିବା
ତିନି ପୁରୁଷର କୁଟିକମ କରା
ଗୋଟେ ସିନ୍ଦୁକ,
ତା' ଉପରେ
ଥାକ ଥାକ ହେଇ ଥୁଆ ହେଇଥାଏ
ବୁଢ଼ୀ ମାଆର ବାହା ବେଳର ଯୋଡ଼େ
ହାତ ବାକ୍ସ
ତା' ଉପରେ
ବେତର ଗୋଟେ ପେଟରା,
ତା' ଉପରେ
ବହୁ ଦିନରୁ ଆଉ ପଢ଼ା ଯାଇ ନ ଥିବା
କିଛି ପୋଥି ପୁରାଣ,
ତା' ଉପରେ
ଧୂଳି ଜମି ଆସୁଥିବା ଯୋଡ଼େ
କାଚ ଆଖି
ଚାହିଁ ରହିଥାଏ।

ଜୟନ୍ତ ମହାପାତ୍ରଙ୍କ ସହ ଦିନେ

ଦିନେ ଜୟନ୍ତ ମହାପାତ୍ରଙ୍କ ସହ
ଦେଖା କରିବାକୁ ଯାଇ
ପହଞ୍ଚିଗଲୁ ତାଙ୍କର ତିନିକୋଣିଆ ବଗିଚା ଘରେ
କବି ରମେଶ ପ୍ରତାପ ଆଉ ମୁଁ ॥

ଆଣ୍ଠୁରେ ଯନ୍ତ୍ରଣା ସତ୍ତ୍ୱେ
ଦୂରରୁ ଦେଖି ଉଠି ଆସିଲେ
ସାଥିରେ ରୁନୁ ମାଉସୀ
କହିଲେ: "ଦେହ ଭଲ ରହୁନି
ଭଲହେଲା ଏକୁଟିଆ ଲାଗୁଥିଲା
ଏଥର 'ଚନ୍ଦ୍ରଭାଗା' ଦେଖିଲଣି ?
ଆସ ଦେଖିବ" ॥

ଯାଉଁ ଯାଉଁ ଟିକେ ଅଟକିଗଲୁ
କହିଲେ 'ଏଇ ଯେଉଁ ଆମ୍ବଗଛ ଦେଖୁଛ
ବାପା ଲଗାଇଥିଲେ
ଆଜିବି ତାରି ଦେହରେ
ଟିକେ ଆଉଜି ପଡ଼ିବାକୁ ଭଲ ଲାଗେ,

ଦେଖତ ଏଇ ଡ଼ାଳଟିକୁ
କୋଳେଇ ନେଲାପରି
ମାଟି ଆଡ଼କୁ କେମିତି ନଇଁ ଆସିଚି
ମୁଁ ଆରାମରେ ବସିପାରେ” ॥

ଆଉ ଝର୍କା କଡ଼ରେ
ଆମରି ହାତରେ ଏ ମଧୁମାଳତୀର ଲତା
ସରୁବାଉଁସ ଗଛର ଏ ବୁଦାଟି
କେତେ ଛନ ଛନ ଏମାନଙ୍କ ବଢ଼ିବାପଣ
ଦିନକୁ ଦିନତ ନୂଆ ନୂଆ ଲାଗନ୍ତି
ବସନ୍ତର ଦକ୍ଷିଣା ପବନ
ତାଙ୍କରି ଭିତର ଦେଇ ଯେମିତି
ବଂଶୀର କମନୀୟ ସ୍ୱରଟେ ତୋଳନ୍ତି” ॥

“ଏଇ ଶାହାଡ଼ଗଛ ଏପଟରେ
ନୀଳ ଗହଳିଆ ପତ୍ର
ହଳଦିଆ ଫୁଲ
ସେଠି ବସାଟିଏ ଦେଖ;
ଯୋଡ଼ିଏ ଟିକି ଚଢ଼େଇଙ୍କର
ଆମରି ଆଗରେ ତାଙ୍କର
ବସା ବାନ୍ଧିବାର ଦେଖିଛୁ
ସେମାନେ ଯେମିତି କଥାହୁଅନ୍ତି
ମୋ ସହ ରୁନୁଙ୍କ ସହ
ଦୁଇଟି ଅଣ୍ଡା ଦେଇଥିଲେ
ଛୁଆ ଦୁଇଟି ଏବେ ଉଡ଼ାଶିଖୁଛନ୍ତି
ଖଣ୍ଡି ଉଡ଼ା ଦେଇ
ଆଖ ପାଖ କେଉଁ ଆଡ଼େ ଉଡ଼ିଯାଆନ୍ତି ତ

ଫେରନ୍ତି ସନ୍ଧ୍ୟାରେ;
ଏମାନଙ୍କୁ ଏବେବି ଦେଖୁ
ଏଇ ଟିକି ବସାଟିରେ ॥

ପୂର୍ଣ୍ଣତାରେ ଉଛୁଳି ପଡୁଥିବା
ଏତେ କଥା, ଏତେ କବିତା ପୁଣି
ନୀବିଡ଼ ନୀରବତା
କେଉଁଠି ଯେ ଥାଏ
ଆମର ଫେରିବା ବେଳକୁ

ଆମେ ଜୟନ୍ତ ମହାପାତ୍ରଙ୍କ ସହ
ଦେଖାକରିବାକୁ ଆସି
ଦେଖିଥିଲୁ
ତାଙ୍କର ସେ ବିରାଟ ପୃଥିବୀକୁ ॥

ବାପାଙ୍କ ସାଇକେଲ

ମୋର ହେତୁ ହେବା ଦିନରୁ
ଦେଖି ଆସୁଛି ସେଇ ପୁରୁଣା ସାଇକେଲ୍‌ଟିକୁ ।
ବାପାଙ୍କର ଅତିପ୍ରିୟ ସେଇ ସାଇକେଲ୍
ଯାହାକୁ ସେ ହିଁ କେବଳ ଚଢ଼ନ୍ତି
ଅସଜ ହେଲେ ସଜାଡ଼ନ୍ତି
ମନକୁ ପାଇବା ଯାଏ ପୋଛି ପାଛି ଚିକ୍‌ଣ କରନ୍ତି
ତେଲ ଦିଅନ୍ତି ଭଲ କି ଟିକେ ଗଡ଼ିବତ,
ବେଳେବେଳେ ତାକୁ ଏମିତି ଚାହିଁ ରୁହନ୍ତି ଯେ
ମତେ ଲାଗେ ଯେମିତି ପ୍ରଥମ ଥର ପାଇଁ ସେ
ତାକୁ ଦେଖୁଚନ୍ତି ॥

ଦିନେ ତାଙ୍କ ଅଜାଣତରେ
ସାଇକେଲଟି ନେଇ ରଂଗ କରି ବଦଳାଇ ଦେଲି
ନୂଆ ଚିକ୍ ଚିକ୍ ଆଉ ଚିହ୍ନ ହେବନି ଜମା,
ଭାବିଲି ପ୍ରଶଂସା ଟିକେ ମିଳିବତ, ଅଥଚ ଦେଖେ
ବାପା ଯେମିତି ନିଆଁ ବାଣ କ୍ରୋଧରେ
ସେମିତି ମଧ୍ୟ ଭାଙ୍ଗି ପଡ଼ିଛନ୍ତି ଗୋଟେ ଅକୁହା
ଦୁଃଖରେ ॥

ପ୍ରକୃତ କଥାଟି ହେଲା
ସାଇକେଲ୍‌ଟି ଆଣିଥିଲେ ତାଙ୍କ ବାପା
ନେତାଜୀଙ୍କ ବିମାନ ଦୁର୍ଘଟଣାପରେ ଫୌଜ ଛାଡ଼ି
ଯେତେବେଳେ ସେ' ଆସି ରହିଲେ ଗାଁରେ
ଥିଲେ ଖୁବ୍ ପରିଶ୍ରମୀ
ବଳିଷ୍ଠ ଚେହେରା
ବୋଧେ ଆମ ଗାଁର ପ୍ରଥମ ସାଇକେଲ୍ ଥିଲା ଏଇଟି
ଯାହାକୁ ଚଢ଼ି ବାପା ଗର୍ବରେ କୁହନ୍ତି
ଇଏ ଆମ ସ୍ୱାଧୀନତା ଅମଳର ସାଇକେଲ୍
ଏହାର ଟ୍ୟୁ ଟାୟାର ରିମ୍ ଘୂରୁଥିବା ଚେନ୍, ପେଡ଼ାଲ
ସବୁକିଛି ବଦଳା ସରିଥିଲେ ବି
ବଡ଼ କଥା ହେଲା ତାର ସେଇ ଫ୍ରେମ୍
ସେଇ ମଜଭୁତିଆ ତିନିକୋଣିଆ ଫ୍ରେମ୍‌ଟିତ
ଏଯାବତ୍ ସେମିତି ଅଛି, ଯେମିତି କି
ମୋ ଦେଶର ମାନଚିତ୍ର ।।

ସେଦିନ ତାଙ୍କର ସେ କ୍ରୋଧ ଆଉ
ଦୁଃଖରେ ଭାଙ୍ଗି ପଡ଼ିବାର କହିବା କଥା ଯେ
ଘଷି ମାଜି ଘୋରି ହେଇ ରଂଗଛାଡ଼ି ଯାଇଥିଲେ ବି
ସେଇ ପୁରୁଣା ସାଇକେଲ୍‌ଟିର
ଗୋଟେ ବୀରତ୍ୱ ବ୍ୟଞ୍ଜକ ସ୍ମରଣୀୟ
ଇତିହାସ ଥିଲା
ଏବେ ମୁଁ ଆଉ ଚଢ଼ିବି କେମିତି !!

■■

ସେମାନେ ଫଟ ମାଗନ୍ତି

ଝିଅ ପାଇଁ ପ୍ରସ୍ତାବ ନେଇ
ବାପା ଯାଇଥିଲେ
ସେମାନେ ମଗେଇଛନ୍ତି ଫଟ
ଯେଉଁମାନେ ଆସି ପାରିନଥିଲେ;
ବଡ଼ ଯାଆ, ଶାଶୁ, ଖୁଡ଼ିଶାଶୁ, ପିଉସୀ
ଲକି ବୋଉ, ମୋନାର ମମି, ପାଖ ପଡ଼ୋଶୀ।

ଶ୍ୱଶୁର, ଖୁଡୁତାଶୁର, ଦିଅର, ଭିଣୋଇ, ମଳାଶୁର
ଦେଖି ଆସିଥିଲେ
ଭାଇ ଖୋଜି ଆଣିଥିଲେ ଭିକାରୀ ସାହୁ ଦୋକାନରୁ
ଛେନା ପୋଡ଼।

ହାଟରୁ ବାଛି ବାଛି ପାଟକପୁରା କଦଳୀ
ବ୍ରିଟାନିଆ କମ୍ପାନୀର ଶସଲଗା ବିସ୍‌କୁଟ୍
ଖିଆପିଆ ହେଲା
ଝିଅ ଦେଖା ହେଲା
କଥାବାର୍ତ୍ତା ସରିଲାନି ଆଉ କିଛି
ବାକି ରହିଗଲା ।

ଫେରିଲା ବେଳେ
ମଧ୍ୟସ୍ଥି ଜଣକ କହି ଦେଇଗଲେ
ସବୁ ହେଲା ଯେ ହେଲେ ଫଟ ଟିକେ ଦରକାର
କେବେ ପଠାଅ,
ଯେଉଁମାନେ ଝିଅକୁ ନେଇ ଚଳିବେ
ସେମାନଙ୍କର ତ ପୁଣି ଗୋଟେ ପସନ୍ଦ ଅଛି ।

ମଝିଆ ଭାଇଟା ଦିନସାରା କୁଆଡ଼େ ଥାଏ କେଜାଣି
ସାନଭଉଣୀ କଲେଜ୍‌ରୁ ଫେରେ;
ଯେତେ ଫଟ ଉଠେଇଲେ ବି
କାହାର ପସନ୍ଦ ହେଉନି ଘରେ
ଏଇଟା ଏମିତି ହେଇଯାଇଚି,
ଏଟାର ଆଖିପତାଟା କଳା ପଡ଼ି ଯାଇଚି
ସେଟାରେ ହସିନାହିଁ ଜମା,
ଅତି ବୟସ୍କ ଜଣା ଯାଉଅଛି
କାଳେ ମନା କରିଦେବେ
ପସନ୍ଦ ହେବନି ସେମାନଙ୍କ ଠାରେ ।

ନିଜକୁ ଦେଖିବ ଝିଅ
ଲୁଚି ଲୁଚି କାନ୍ଥ ଆଇନାରେ
ଦେଖିବ ପୁଣି ପାଞ୍ଚ ବର୍ଷ ତଳେ
କିଣା ଯାଇଥିବା ଆଲ୍‌ବମ୍ ଭିତରେ।

ଯେତେ ଭୋରୁ ଉଠିଲେ ବି ଦେଖିବ
ବାପା ନଥିବେ ଘରେ
ବୋଉକୁ ପଚାରିଲେ କହିବ
କୁଆଡ଼େ ଆଉ ଯିବେ,
କାହାକୁ ଜଣେ କହିଥିଲେ- ଯାଇଛନ୍ତି,
କାଳେ ଭଲ ପ୍ରସ୍ତାବଟେ ମିଳିଯାଇପାରେ।

■■

ଜେଜେଙ୍କ ଅସ୍ଥି

କଥା ହେଲା ଜେଜେଙ୍କ ଅସ୍ଥି ଯିବ
ବିସର୍ଜନ ପାଇଁ ପ୍ରୟାଗ,
ବାପାଙ୍କ ସହ ମୁଁ ଯିବି ତାଙ୍କର ଦେଖାଶୁଣା ପାଇଁ।
ପାଦତଳେ ଲାଗୁନଥାଏ।
ଦୀର୍ଘସମୟ ଗୋଟେ ରେଳ ଯାତ୍ରା
ଏମିତି ସୁଯୋଗ ବଡ଼ ଭାଗ୍ୟରେ ଥିଲେ ମିଳେ
ଖାଲି ଜେଜେଙ୍କ ପାଇଁ ସିନା ॥

ସେଦିନ ସକାଳୁ
ଆମ ଓଳି କଡ଼େ ଗୋଟେ ଛୋଟିଆ କାଚ ବୋତଲରେ
ପୋତା ଯାଇଥିବା ଜେଜେଙ୍କ ଅସ୍ଥିପାଖରେ
ସବୁଦିନ ପରି ବୋଉ ଭୋଗ ଦେଲା,
ମାସକ ପାଇଁ ଶିକାରେ ଟଙ୍ଗା ଯାଇଥିବା
ସବୁତକ ଉଖୁଡ଼ା ହାଣ୍ଡିପଣ ଥୋଇ
ସେ' କହୁଥିଲା; 'ଆଜି ଦିନକ ଗ୍ରହଣ କର'।
ଲୁଗାକାନିକୁ ବେକରେ ଗୁଡ଼େଇ
ମୁଣ୍ଡତଳେ ମାଡ଼ି ପ୍ରଣାମ କଲା
ଆମେ ସବୁ ଦେଖୁଥାଉ

ଆମକୁ ନୂଅ ନୂଆ ଲାଗୁଥାଏ ଆଜି ଏସବୁ
କ'ଣ ଭାବିଲା କେଜାଣି
ଛୁଆଟି ବେଲୁ ଆମ ଘରେ ବଢ଼ି ଆସିଥିବା
ଆମର ପୋଷା 'ନାଲିଆ'
ସବୁଦିନ ପରି ଆଜି କାହିଁକି
ଧାଇଁଗଲାନି ଭୋଗ ପାଖକୁ
ବାପା କହୁଥିଲେ; 'ଯାଆ ଖାଇଦିଅ ଖାଅ
ବୋଉ ଆଖିରେ ଲୁହ
'ପୂର୍ବ ପୁରୁଷର ଭିଟାମାଟି
ଛାଡ଼ି ଯିବାକୁ ଇଛା ନାହିଁ?
ସେଇଥିପାଇଁ ଖାଇବନି? ରୁଷୁଚ?
ଏତେ ସବୁ ଆଶା, ଆୟୋଜନ
ଯୋଗାଡ଼ଯନ୍ତ୍ର, ସବୁତ ତମରି ପାଇଁ
ଏମିତି ପୁଣ୍ୟ କ'ଣ ସମସ୍ତଙ୍କୁ ମିଳେ?

ଶେଷରେ 'ନାଲିଆ' କୁ ଧରି
ଉଖୁଡ଼ା ହାଣ୍ଡିରେ ତା ମୁହଁକୁ ପୁରେଇବାକୁ ହେଲା
ଆଉ ତାର ଜୁଳୁଜୁଳିଆ ଆଖିରେ
ଆମକୁ ଚାହିଁ ସବୁତକ ଖାଇ
ଚାରିଗୋଡ଼ ମେଲେଇ ପେଟକୁ କାଢ଼ି
କୂଅମୂଳ ଚଟାଣରେ ଯାଇ ଶୋଇଲା ॥

କହିଲି: ଆଉ ଡ଼େରି କାହିଁକି।
ଗୋଟେ ଶାବଳ ଆଣି ବାପା
ଦେଉଳିଆ ସେଇ ସ୍ଥାନଟିକୁ ଖୋଳିଲେ।
ମାଟି ଆଡ଼େଇ ଖୋଜିଲେ, ବୋଉ କହିଲା;

"ବୁଢ଼ାଙ୍କ ଅସ୍ଥି କ'ଣ ଏତେ ଉପରେ ଥିଲା କି
ଆଉରି ଗହିରେଇକି ଖୋଳ"
ଖୋଳାହେଲା, ମିଳିଲା
କାନିରେ ବାନ୍ଧି ଅଣ୍ଟାରେ ଖୋସିଲେ ବାପା
(କାଳେ କେଉଁଠି ଛାଡ଼ି ଯିବେ)
ମୁଁ ଧରିଲି ବେଗ ଭର୍ତ୍ତି
ଆଉସବୁ ଆନୁସଂଗିକ
ଏଇଠୁ ସବୁ ଯୋଗାଡ଼ କରି ନନେଲେ
ସେଠି, ଚଢ଼ା ଦାମ୍‌ରେ ପଡ଼ିଯିବା ଯେ।
ଆମେ ସଅଳ ସଅଳ ବାହାରି ପଡ଼ିଲୁ
ପ୍ରଥମେ ବସ୍, ପରେ ରାତି ଦଶରୁ ପୁରୁଷୋତ୍ତମ ଏକ୍ସପ୍ରେସ୍
ବୋଉ ଗୋବର ପାଣିରେ
ଖୋଳା ଯାଇଥିବା ସ୍ଥାନ
ଭଲକରି ଲିପି ଦେଲା।

ଆମେ ଯେତିକି ଯେତିକି ଉଚ୍ଛୁର ହେଉଥିଲୁ
ଟ୍ରେନ୍ କିନ୍ତୁ ସେତିକି ସେତିକି ବିଳମ୍ବ କରୁଥିଲା
ଦୀର୍ଘ ଛବିଶ ଘଣ୍ଟା ପରେ
ଆମେ ପହଞ୍ଚିଲୁ ଆଲ୍‌ହାବାଦରେ
ସେଠୁ ସଂଗମସ୍ଥଳ ଟ୍ୟାକ୍ସି କିମ୍ବା ଘୋଡ଼ା ଗାଡ଼ିରେ।

ଆଜି କାହିଁକି ଟ୍ରେନ୍ ଏତେ ବିଳମ୍ବ ହେଲା
ଜଣେ ଅଜଣା ଯାତ୍ରୀ କହିଲେ ସିଗ୍‌ନାଲ ନଥିଲା।

ତାପରେ ମୂଲଚାଲ ଆରମ୍ଭ ହେଲା
ଟ୍ୟାକ୍ସିବାଲା ଘୋଡ଼ାଗାଡ଼ିଠୁଁ ଆରମ୍ଭକରି
ପଣ୍ଡିତ ଲାଲାଜୀ କାଲା ଯାଏଁ। କଥା ଛିଡ଼ିଲା।

ଅସ୍ଥି ପୂଜା ପିଣ୍ଡଦାନ ବିସର୍ଜନ
ମହାସ୍ନାନ ପରେ
ଆଗରୁ ପଣ୍ଡିତେ କହିଥିବା ମୁତାବକ
ବାପା ପ୍ରଶ୍ନ କଲେ:
"ମୋ ପିତାଙ୍କ ଅସ୍ଥି ବିସର୍ଜନ କ୍ରୀୟା
ସଫଳ ହେଲା ତ" ?
ପଣ୍ଡିତେ କହିଲେ: "ହଁ"।
"ମୋର ପିତୃପୁରୁଷ ପିଣ୍ଡ ପାଇଲେ ତ" ?
ପଣ୍ଡିତେ କହିଲେ: "ହଁ"।
"ମୋର ପିତା ମୋକ୍ଷ ପ୍ରାପ୍ତି ହେଲେ ତ" ?
ପଣ୍ଡିତେ କହିଲେ: "ହଁ"।
"ପ୍ରଣାମ, ପ୍ରଣାମ"
ତଥାସ୍ତୁ ତଥାସ୍ତୁ।

ଏଥର ଫେରିବାକୁ ହେବ ଘରକୁ
ମୋର କିନ୍ତୁ ଭାରିମନେ ପଡୁଥାଏ ଜେଜେଙ୍କୁ;
ନିଜ ମୁଣ୍ଡରେ ମାଟି ବୋହି ସେ ବାଂଧିଥିବା ଢ଼ିଅ
ଯାହା ଉପରେ ଏବେ ଆମର ଘର
ସେଠି ପାଦ ଦେଇ ଦେଖେତ
କାହାରି ନିଘା ନାହିଁ ସେ ସ୍ଥାନକୁ
ଯେଉଁଠି ଜେଜେଙ୍କ ଅସ୍ଥି ଥିଲା
ଆଉ ସେଠି ନିଘୋଡ଼ ନିଦରେ
ଶୋଇ ଯାଇଥିବା ଆରମ ପ୍ରିୟ
ପୋଷା 'ନାଲିଆ'କୁ
ବୋଉ କହିଲା
'ତମେ ଗଲାଦିନରୁ ପା ଯେମିତି
କ'ଣ ଖୋଜିଲା ଖୋଜିଲା ପରି ହେଉଚି

ଆ ମୁହଁକୁ ତା ମୁହଁକୁ ଚାହୁଁଚି
ଭଲକି କ'ଣ କିଛି ଖାଉଚି କି;
ଦିନସାରା କୁଆଡ଼େ ଚାଲିଯାଉଛି ଯେ
ସଂଜ ହେଲେ ଚୁପ୍ ଚାପ୍ ଚାଲି ଆସୁଛି ଏଇଠିକୁ
ଶୋଇବାକୁ"।

ତେବେ ଜେଜେ କ'..ଅ..ଣ...!!

■■

("ନାଲିଆ"- ଛୁଆଟିବେଳୁ ଆମ ଘରେ ପୋଷା ହେଇ ଆସୁଥିବା କୁକୁରଟିର ନାଁ)

ଏଥର ଜମିକୁ ଭାଗଦେବାକୁ ହେଲା

ବାପା କହିଲେ:
'ଏଥର ଜମିକୁ ଭାଗ ଦେବାକୁ ହେବ
ମୋର ଆଉ ବଳ ଅଛି ନା ବୟସ
ତମେତ ସବୁ ଯେଝା ଯେଝାର ଧନ୍ଦାରେ ମାତିଲ
ଏଯାଏଁ ବିଲ ଚିହ୍ନିଲନି'।

କହିଲି: 'ତମ ଇଚ୍ଛା'।
ସେଦିନ ରାତିରେ
ବୋଉ ଭାତ ବାଢୁଥାଏ,
ଆମେ କଥା ହେଲୁ
ବହୁ ଭାବି ଚିନ୍ତି ସ୍ଥିର କଲୁ
ରବି ମଳିକକୁ ଭାଗରେ ଦିଆଯିବ ଜମି
ଲୋକ ହିସାବରେ ଭଲ ସାଧାରଣ
କିଛି ଲୁଚାଏନି।

ଏଣେ ଶାଂତିର (ମୋ ସ୍ତ୍ରୀ) ଏକାଜିଦ୍
ସବୁବେଳେ ବକର ବକର
ଘରୁ ପାଦ କାଢ଼ କି କ୍ଳାନ୍ତିରେ ଟିକେ

ବିଛଣାଧର ସେଇ ଗୋଟିଏ କଥା
"ତମର ଏ ଧନ୍ଦାରୁ ଖାଲି ଯାହା ଘର ଚଳିବ
ବନ୍ଧୁ ବାନ୍ଧବ ଗଲା ଆଇଲା ସବୁବେଳେ ନିଅଣ୍ଟ
ଆଜି ସିନା ଚଳି ଯାଉଚି, କାଲିକି ପିଲାଏ ବଡ଼ ହେବେ
ସେମାନଙ୍କୁ ଭଲକି ଦି ଅକ୍ଷର ପଢ଼ାଇବାକୁ ତ ହେବ
ଟଙ୍କା ଦରକାର ଟଙ୍କା ଆଟଲିଷ୍ଟ
ଏମ୍‌ସିଏ କି ଏମ୍‌ବିଏ ତ ଏବେ ଗୋଟେ ସାଧାରଣ କଥା
ଶୁଣ, ମୋ ପାଇଁ ଯାହାବି ହେଲେ ଗୋଟେ କିଛି
ବୁଝ । ଶିକ୍ଷାକର୍ମୀ କି ଇଜିଏସ୍ ସେଣ୍ଟର
ଆମକୁ ଦିନେ ଏମ୍ ଏଲ୍ ଏ ଙ୍କ ପାଖକୁ ଯିବାକୁ ହେବ
ଯେମିତି ହେଲେ ତାଙ୍କ ପାଖରୁ ଚିଠି ଆଣି ପାରିଲେ
ବ୍ଲକ କଥା ବୁଝିବା" ।

ରବି ମଳିକ ଭାଗରେ ଚାଷ କଲା ଜମି ।
ବାପା କହିଲେ: "ମୋ କଥା ଛାଡ଼
ଦେଖୁଛୁତ ଏଣେ ସୁଗାରକୁ ତେଣେ ବ୍ଲଡ଼ପ୍ରେସର
ଓଳିଏ କାମ ବନ୍ଦ କରି ଦିନେ ଦି ଦିନ
ବିଲଆଡ଼େ ଟିକେ ବୁଲି ଆସିବୁ
ଜମି ଆମର ଚାଷ କରିବ ସେ
ଟିକିଏ ନିଘା କି ତାଗିଦା ନକଲେ କ'ଣ
ଭାଗ ଚାଷୀ ଆମ ଜମି କଥା ବୁଝିବ ?
ଦେଖିବୁ ଭଲକି ଯେପରି କତିମାରେ ହିଡ଼ ଦିଏ
ନହେଲେ ଜମି ଆମର ମରି ମରି ଯିବ ଯେ' ।

ରବିମଳିକ ଭାଗରେ ଚାଷକଲା ଜମି
ତାର ହଳ ବିହନ ମଜୁରୀ ବଳ
ଆମର ସାର ମସଲା ଜମି ଜଳ

ତା’ ହାତରେ ତଳି ମୁଣ୍ଡରେ ଠେକା
ମୁଁ ବସିଥାଏ ହିଡ଼ ମୁଣ୍ଡରେ ହାତରେ ମୋ ଛତା
ସେ କାଦୁଅରେ ନଟର ପଟର ପେଜ ତୋରାଣି
ଝିପି ଝିପି ବର୍ଷା କୋହଲା ପବନ
ମୋ ନାକରୁ ଆଖିରୁ
ଛିଙ୍କ, ସୁଉଁ..ସାଆଁ ପାଣି ।।

■■

ଟିଭିରେ ଡାଲଖାଇ

ଟିଭିରେ ଡ଼ାଲଖାଇ

ମୋ ଝିଅ ଅଝଟକରେ ଅଙ୍କ କଷି ଦେବା ପାଇଁ
ବୋଉ ବାରିଆଡ଼ ପିଜୁଳି ଗଛକୁ ଚାହିଁ
ଗୁଣୁ ଗୁଣୁ ହେଉଥାଏ

ପତ୍ନୀର ବ୍ୟସ୍ତ ବରାଦ
ବଜାର ସଉଦା ଲିରିଲ୍ ସାବୁନ
ଦାନ୍ତଘଷା ବ୍ରସ୍ ପାଇଁ

ମତେ ଏତିକି ବେଳେ
ଉଠି ଯିବାକୁ ପଡ଼େ
କେତେବେଳୁ ରିଂଗ୍ ହେଉଥିବା
ମୋ ଟେଲିଫୋନ୍ ପାଖକୁ
କଥା ହେବା ପାଇଁ

ଟିଭିରେ କିନ୍ତୁ ଡ଼ାଲଖାଇ ।।

ଭଲପାଇବା

ଭଲ ପାଇବା ଜାଣିଲେ
ଟିକେ ହସ ଦିପଦ କଥା ଆଉ
ବାକି ଯାହା ଶାଗ ପଖାଳରେ
କି ଦିନ କି ରାତି କି ଜହ୍ନ କି ସ୍ମୃତି
କେତେ ସହଜରେ ଉପଭୋଗ କରିହୁଏ।

ଭସା ବଉଦରେ ଭ୍ରମିହୁଏ
ସାରାଟା ଆକାଶ

ବର୍ଷାରେ ଛୁଇଁ ହୁଏ ମାଟିର
ଗଭୀରତାକୁ

କିଛି ଭୋକିଲା
ନିଃସହାୟ ପାଦଚଲା ଲୋକଙ୍କ ସହ
ଯାଇ ହୁଏ ରାସ୍ତାକଡ଼ର
ଖରାରେ।

ଭଲପାଇବା ଜାଣିଲେ
ପାଣି ଫଟକା ଭିତରେ ଜୀବନକୁ ରଖି
ଚମତ୍କାର ଭାବେ ପହଁଚାଇ ଦେଇ ହୁଏ
ସାତ ଦରିଆ ସେପଟରେ।। ■■

ପାନି ମାରିଗଲା ଝାଇଁ

ସେଦିନ ଦୂର ଦର୍ଶନରେ
କରମ ସାନୀର ପୂଜା
କରମା ଗଛମୂଳେ କୋଲ ଯୁବକ ଯୁବତୀଙ୍କର

ଯୁବକର ହାତରେ ମାଂଦଲ
ଯୁବତୀଙ୍କ ପାଦରେ ଘୁଂଘୁର
ଝରଝର ଗୋଟେ ଝରଣାର ସ୍ୱର
ଜମି ଆମର
ପାଣିତକ କରମ ଦେବତାର ।

କେତେବେଳେ ପାଦତ
କେତେ ବେଳେ ଗ୍ରୀବା
କେତେ ବେଳେ ଢ଼ଳ ଢ଼ଳ ଛାତି ପୁଣି
କେତେ ବେଳେ ଗଭା

କେଉଁ ଅଗମ୍ୟ ପାହାଡ଼ର ଖୋଲରୁ
ବହି ଆସୁଥିବା ପାଣିର ସରୁଧାରଟି ପରି
ସମ୍ପୂର୍ଣ୍ଣ ଦୃଶ୍ୟ ହେଇ ହଉନଥିବା ଆଉ,

ସଂଗାତକୁ କହୁଥିବା
ସେଇ କରମ ସାନୀର ପୂଜାରେ
ଯାଉଁ ଯାଉଁ ମାଂଦଲର ତାଳ
ବଢ଼ି ବଢ଼ି ଚାଲିଥାଏ
ତାହୁଁ ତାହୁଁ ପାଦ ହୋଇ ଉଠୁଥାଏ
ଚଞ୍ଚଳ ଅସ୍ଥିର ॥

ଏତିକି ବେଳେ କ'ଣ
ପାନି ଝାଇଁ ମାରିବାର ଥିଲା ?
କପାଳ ଓଠ ଛାତି ନାଭି ନୀତମ୍ବରୁ
ପାଦ ଦେଇ ମାଟି ଉପରେ
ବୁଂଦା ବୁଂଦା
ଅଜସ୍ର ବୁଂଦା ହେଇ ? ?

ସେଦିନ ଦୂରଦର୍ଶନରେ ॥

■■

ଆମେ ବ୍ୟସ୍ତ ହେବା

ଆମର ହାତ ଗଢ଼ା କୀର୍ତ୍ତିମାନ
କ୍ଷୟ ପାଇଯିବାରେ
ନଷ୍ଟ ହୋଇ ଯାଉଥିବାରେ
ଆମେ ବ୍ୟସ୍ତ ହେବାନି,
ଆମେ ହିଁ ତାକୁ ଧରିରଖିବା
ସାରାଜୀବନ ଆମରି ଭିତରେ
ଯେମିତି ଗଛ ପତ୍ରକୁଁଅଳାଏ

ନଦୀ ତାର କାସତଣ୍ଡି ଫୁଲ ଫୁଟାଏ
ପକ୍ଷୀମାନେ ସାଇବେରିଆରୁ
ଆସନ୍ତି ଓଡ଼ିଶା,
ଆମ ଧଳା ବାଘ
ଆଫ୍ରିକା ଯାଏ ସମୁଦ୍ର ପଥରେ।

ଆମେ ବ୍ୟସ୍ତହେବା
ଦୁର୍ବିସହ ବଂଚି ରହିବାରେ
ଆମର କୀର୍ତ୍ତି ମାନଙ୍କ ସହ ଆମେ
ନଷ୍ଟ ହେଇ ଯିବାରେ
କ୍ଷୟ ପାଇ ଯିବାରେ।

■■

ସେଦିନ ସକାଳେ

ରାତି ସାରା ତାଙ୍କ ଆଖିରେ କେମିତି
ନିଦ ନଥିଲା
ସକାଳୁ ସକାଳୁ ପାଂଚ ବର୍ଷର ଜରୁଆ ଛୁଆଟିକୁ ନେଇ
ଡ଼ାକ୍ତରଙ୍କ ଚିଠା ଧରି ଆସି ପହଞ୍ଚିଲେ
ସାଂଗରେ ପୁଣି ଦୁଇଝିଅ
ଗୋଟେ କାଖରେ, ଆରଟି
କୁନି କୁନି ପାଦରେ।

ତୋଫା ଗୋରା ସୁନ୍ଦରୀ ଅଳ୍ପ ବୟସ୍କା
ଯେମିତି ମେହେରଙ୍କ ତପସ୍ୱିନୀ କାବ୍ୟ ନାୟିକା
ଉଭା ମୋ ସାମ୍ନାରେ
ଗୋଟେ ଅନ୍ୟ ମନସ୍କତାର ଶିହରଣ
ମୋ ଭିତରେ।

ଜରୁଆ ଛୁଆଟିକୁ ଦେଖୁ ଦେଖୁ ପଚାରିଦେଲି:
'ଏତେ ସକାଳୁ ଏକା ଅଥଚ ତାର ବାପା' ?
ଆଖିରୁ ତାଙ୍କର ଠକ୍ ଠକ୍ ଲୁହ ଗଡ଼ି ଆସିଲା।
ଲୁଗା କାନିରେ ଲୁହ ପୋଛୁ ପୋଛୁ

କହିଲେ: "ନାହାନ୍ତି, ପଂଜାବରେ କେଉଁଠି
ପାଣି ପାଇପ୍‌ରେ କାମ କରୁଥିଲେ
ଛଅ ତାଲାରୁ ଖସି ପଡ଼ିଲେ
ତିନି ତିନିଟା ଛୁଆଙ୍କୁ ଏକା
ଛାଡ଼ି ଦେଇ ଗଲେ"।
ଚମକି ପଡ଼ିଲି
କେମିତି ଏତେ ବେଳ ଯାଏଁ ଜାଣିପାରିନଥିଲି !!
(ତାଙ୍କ କପାଳ ଓ ହାତରେ ତ ବୈଧବ୍ୟର ଚିହ୍ନ)

ଜରୁଆ ପୁଅଟି ତାଙ୍କର ପାଣି ମାଗିଲା
ତା ଦେଖା ଦେଖି ତା' ତଳ ଝିଅଟି କହିଲା
"ମୁଁ ପିଇବି"
କାଖରେ ଥିବା ସବା ସାନଝିଅଟିର ଦରୋଟି କଥା
'ବୋଉ ପାନି'।

ଏକାବେଳକେ ସମସ୍ତଙ୍କୁ ଶୋଷ ଲାଗିବା ଦେଖି
ପାଣି ଗ୍ଲାସଟେ ବଢ଼ଉ ବଢ଼ଉ
ଟିକେ ହସିଦେଲି
ଆଉ ଲୁହ ମିଶା ହସଟିକେ
ସେମାନଙ୍କ ମାଆର ମୁହଁରେ
ଦେଖୁଥିଲି।
■■

କୁନି ପିଲାଟି ପାଇଁ ଫଟ

କୁନି ପିଲାଟିକୁ ଏକା ଛାଡ଼ି
ତା'ର ମାଆ
ତା'ଠାରୁ ଦୂରେଇ ଗଲାବେଳେ
ପିଲାଟି କାନ୍ଦି ଉଠେ,
ଫଟ ଉଠାଳି ଦ୍ୱନ୍ଦରେ ପଡ଼ିଯାଏ
କ'ଣ କରିବ;

ଦେଖେ;

ଦୋକାନିର କାନ୍ଥରେ
ଟଙ୍ଗାଯାଇଥିବା ଫଟ
ସ୍ତ୍ରୀ ଲୋକଟିର କାଖରେ
କୁନି ପିଲାଟିଏ
କି ଚମତ୍କାର
ଉଭୟେ ହସ ହସ।।

ବୋଉ କଥା

ଦିନସାରା
ବୋଉ କ'ଣ କରୁଥାଏ କେଜାଣି !!
ମୁଁ ଘରକୁ ଫେରେ
ଖାଇ ସାରି ଆଲୁଅ ଲିଭେଇ
ପତ୍ନୀଙ୍କ ଅପେକ୍ଷାରେ
ଗଡ଼ ପଡ଼ ହୁଏ
ବିଛଣାରେ।

ସେ ଆସନ୍ତି
ଓ କୁହନ୍ତି
"ଦିନ ସାରାତ ବୋଉ ଦଣ୍ଡେ ବସିଲେନି
କେଉଁଠାରେ, ହେଇଟି,
ଟିକେ ହାତ ମାରି ଦେଉଥିଲି
ବୋଉ ଦେହରେ"

ମୁଁ ଶୋଇଯାଇ ଥାଏ
ନିଘୋଡ଼ ନିଦରେ।।

ସଂଧ୍ୟା

ଗୋଟିଏ ଗୋଡ଼ ଥାଏ ଢ଼ିଙ୍କି ଲାଂଜରେ
ଆର ଗୋଡ଼ଟି ମାଟି ଉପରେ
ଗୋଟିଏ ଛୁଆ ଛାତିକୁ ଶୋଷି ଚାଲିଥାଏ
ଆର ଛୁଆଟି ଥାଏ ପେଟରେ
ମୁଣ୍ଡର ଲୁଗା କେବେ ଖସି ପଡ଼ିବାର କେହି ଦେଖିନି,
ଏମିତି ବୋହୂଟିଏ ସେ
ନାଆଁ ତାର ସଂଧ୍ୟା
ଶାଶୁ ଶ୍ୱଶୁରଙ୍କ ଖୁସି କହିଲେ ନସରେ
ଢ଼ିଙ୍କିରୁ ଚାଉଳ କାଢ଼ି ଫୁଟେଇ ନେଇ
ଦିଏ ତାଙ୍କ ମୁହଁରେ ।

ବାଛି ବାଛି ବାହାଦେଇଥିଲେ ବାପାତାର
ଜ୍ୱୋଇଁ ଏଇ ଗାଆଁର
ପ୍ରଥମ ଫୁରାପେଣ୍ଟ ପାଇଜାମା ପିନ୍ଧା କଲିକତି
ଯାଆ ଆସ କରେ ଦାଣ୍ଡରେ, କାମ
କଲିକତାରେ କୋଉ ଏକ ଝୋଟ କଳରେ
କେତେ ପାଆନ୍ତି କେଜାଣି
ଦରମାତକରୁ କାଣିଚାଏ ଧାର ଧାରିନି ଏଯାଏଁ

ତିନିତିନିଟା ପିଲା ହେବା ପରେ
ଖାଲି ଯାହା ଶୁଣେ
ତାଙ୍କୁତ ସେଠି ଅଧାମାସରୁ ଅଘଟ
ଉଧାରରେ ଚଳିବାକୁ ପଡ଼େ।
କେବେ ପରବ ପୁରୁବାରେ ଘରକୁ ଆସନ୍ତିତ
ଭାଗଚାଷିଏ ଯେଉଁ ଚାରଣା
ଧାନ ବିରି ମୁଗ ଦେଇ ଯାଆନ୍ତି ସେଥିରୁ
କିଛି ନେବାକୁ ପଡ଼େ ସାଙ୍ଗରେ
ଆଉ ଯାହା ବର୍ଷକ ଭଲେ ମନ୍ଦେ ଶାଗ ପେଜରେ
ଚଳିବାକୁ ହୁଏ ଘରେ।

ସଂଧ୍ୟା ବୁଝେ
ତାକୁ ଲଗେଇ ସାତପ୍ରାଣୀ ବଂଧା ତା ବେକରେ
କଥା ଛଳରେ ଶାଶୁ କୁହନ୍ତି
'କେଉଁ ଜନ୍ମରେ ଆମର କ'ଣ ଥିଲୁ ଲୋ କେଜାଣି
ଏ ଜନ୍ମରେ ତ ଆମ ପାଇଁ ମାଆଟିଏ'
ସଂଧ୍ୟା ବୁଝେ,
ଉତୁରି ଆସୁଥିବା ଖିର ପରି ତାର ଜୀବନ
ସେ'ହିଁ ପାଣି ପକେଇ ଶୀତଳ କରି ରଖେ
ତାର ଛୁଆଙ୍କ ପାଇଁ।।

ଗୋକୁଳା ମାଆ ଧୋବଣୀ

ହାଟ ଚାଳିର କୋଣକୁ ଲାଗି
ଗୋଟେ ଅଣଓଷାରିଆ ପିଣ୍ଡାରେ
ତା ପୁଅ ଯେତେ ବେଳେ ବାବୁ ଭାୟାଙ୍କ
ଲୁଗା ଜାମା ଇସ୍ତ୍ରୀ କରିବାରେ ବ୍ୟସ୍ତ ଥାଏ
ବୁଢ଼ୀ, କମିଆସୁଥିବା ଅଂଗାର ନିଆଁକୁ ଉଷ୍‌କାଉଥାଏ
ଗୋଟେ ଫାଳିକିଆ ବିଞ୍ଚଣା ଧରି;
ଚିନ୍ତାଥାଏ ଏକାମବି ଆଗପିର ଆଉ ଯୁଟୁନି
ଏବେ କାଳେ ଘରେଘରେ
ବିଜୁଳିର ହେଲାଣି ।।

କେତେ ଆଶାକରି ବୁଢ଼ୀ ବୋହୂ ଆଣିଥିଲା
ବାଛି ବାଛି, ଦଇବ ଏଯାଏଁ ବକଟେ ଦେଲାନି
ପୁଣି ବୋହୂକୁ ଏକା ଛାଡ଼ି ଘରେ
ମାଆ ପୁଅ ଦିହେଁ ଏଇଠି; ମନକି ମାନୁଛି,
ଗରାଖ ଆଉ ଘର ଲୋକ
ବୁଢ଼ୀର ଯେମିତି ଏକା କଥା
ଥିଲା ନଥିଲା ଗଲା ଆଇଲା ଦେଲା ନେଲା
ଯାବତୀୟ ଘର କଥା
ପଡ଼େ ସେଇଠି ।।

ସାଆନ୍ତ ଘର ଯାହାଥିଲା ଏବେ
ଆଗପରି ସେସବୁ ଆଉ ଚଳେନି,
କଥାରେ ଅଛି ଧୋବାଘର ଭାତହାଣ୍ଡି ଏବେ ଯାହା
ଆଟିକାରେ ଆସି ରହିଲାଣି ।

ମୋ ଜାଣିବାରେ ବୁଢ଼ୀକୁ ହାଟରେ କି ବାଟରେ
କେଉଁଠି ବସି କିଛି ଖାଉଥିବାର କେବେ ଦେଖିନି
ଦିନେ, ବାଇଆ ଦୋକାନରୁ ତାକୁ
ଗୁଲୁଗୁଲା ଇଟିଲି ଖାଇ ମୁହଁ ଆମ୍ବିଲା କରି
ଉଠି ଆସୁଥିବାର ଦେଖି ପଚାରି ଦେଲି
କ'ଣ ହେଇଚିକି ମାଉସୀ ?
କହିଲା; "ଜେନା ଘର ଏନ୍ତୁଡ଼ି କାମଟେ ଜୁଟିଥିଲା
ଟଙ୍କା କୋଡ଼ିଏଟା ଦେଇଥିଲା
ପୁଅକୁ ଦଶ ଦେଲି, ମନହେଲା
ଚାଆ ପାଣି ଟିକେ ପାଇଁ ଚାଲି ଆସିଲି
ବାସୀ ଗୁଲୁ ଗୁଲା ଇଟିଲି ଧରେଇ ଦେଇ ଭାବିଲା
ବୁଢ଼ୀ ଜାଣିପାରିବନି"
ଲୁଗା କାନିରେ ମୁହଁ ପୋଛୁ ପୋଛୁ କହିଲା: "ବାପ,
ଆଉ କାହିଁକି ଜାମାପଟାନେଇ ଆସୁନୁ"
ସାଇକେଲ୍ ପେଡ଼ାଲ୍‌ରେ ପାଦ ଚାପୁ ଚାପୁ କହିଲି
ହଁ ହଁ ଯିବା ଯିବା ।।

ଆଉ ଯେବେବି ଯେଉଁଠି ଅକସ୍ମାତ୍ ଦେଖା ହେଇଯାଏ
ବୁଢ଼ୀର ସେଇ ଗୋଟାଏ କଥା:
"ବାପ ଆଉ କାହିଁକି ଜାମାପଟା ନେଇ ଆସୁନୁ"

ଆଉ ମୋର ସେଇ ଗୋଟାଏ ଉତ୍ତର
"ହଁ ହଁ ଯିବା ଯିବା" ॥

■■

ଏସନ ଲୁଣା ଖୁବ୍ ମାତିଲା

ଏସନ ବଢ଼ିରେ ଲୁଣା ଖୁବ୍ ମାତିଲା
ଜାଗା ଜାଗା ଘାଇ କଲା
ଏମିତିବି ହେଲା ଜୀବନ କାଳ ଭିତରେ
ବଢ଼ି କଣ ଦେଖିନଥିବା ଲୋକେ ଡ଼ାକିଲେ
ରଖହେ ନାରାୟଣ
ତ୍ରାହି ଅଚ୍ୟୁତ,

ଘର ଭିତରେ ଆଣ୍ଠୁଏ ପାଣି ଦେଖି କେହି କେହି
ପଡ଼ୋଶୀଙ୍କ ପକ୍କାଛାତକୁ ତ କେହି କେହି
ପିଲାଛୁଆ ଗୋରୁ ଗାଈ ଧରି ଧାଇଁଲେ
ଜାତୀୟ ରାଜପଥ ଉପରକୁ।

ସବୁଠାରୁ ଅଧିକ ଭାଳେଣି ପଡ଼ିଲା ଆମ ଘରେ
ଯେତେବେଳେ ଖବର, ମିଳିଲା ଯେ,
ବଂଧୁ ଆମର ରହିଯାଇଛନ୍ତି ପାଣି ଘେରରେ
ସେ ଗାଆଁର ଝିଅ ଦାସବାବୁଙ୍କ ବୋହୂତ
ଏକରକମ ଖାଇବା ପିଇବା ଛାଡ଼ିଦେଲା
ଅଣ୍ଟା ଭିଡ଼ିଲି
ଇଚ୍ଛାଥାଏ ଘାଇ ଦେଖିବା

ପୁଣି ଏ ବେଳରେ ବଂଧୁଙ୍କ ପାଇଁ କିଛି
ସମବେଦନା ଆଉ ପାରୁ ପର୍ଯ୍ୟନ୍ତ
କିଛି ନା କିଛି ସାହାଯ୍ୟତ କରିବା।

ରାତିର ଯୋଜନା ମୁତାବକ
ସକାଳୁ ସକାଳୁ ହିଁ ମତେ ପହଁଚି ବାକୁ ହେଲା
ବନ୍ୟା ବିପନ୍ନଙ୍କ ରିଲିଫ୍ କ୍ୟାମ୍ପ କୁହାଯାଉଥିବା
ନାଲି ନୀଳ ଧଳା ରଙ୍ଗ ପଲିଥିନ୍‌ର
ଛୋଟ ଛୋଟ ଘରଟି ମାନରେ
ଦୁଇକଡ଼ ଭର୍ତ୍ତି,
ଆଖି ପାଉନଥିବା ଆଉ ସ୍ଥିର ମଲାଗଲା
ଅମେରୁଦଣ୍ଡୀ ପ୍ରାଣୀଟିଏ ପରି ପଡ଼ିରହିଥିବା ଲମ୍ବା
ରାଜପଥ ଉପରେ,

ମତେ ଲାଗିଲା ବର୍ଷା ମିଶା କୋହଲା ପବନରେ
ଫଡ଼ ଫଡ଼ ଇଏ ଯେମିତି ଆମ
ଜାତୀୟ ପତାକାର ବିଖଣ୍ଡିତ ରୂପର
ଗୋଟେ ମହାପ୍ରଦର୍ଶନୀ।

କାଲି ଯେଉଁଟା ବନ୍ଦର ରାସ୍ତାଥିଲା
ମାଛି ପଡ଼ିଲେ ହେଉଥିଲା ନବଖଣ୍ଡ
ହାଏରେ ବିଧାତା ଆଜି ସେଠି ହା ଅନ୍ନ!!
ଟିକିଏ ମୁଣ୍ଡ ଗୁଂଜିବାକୁ
ଅସ୍ଥାଇ ବାସସ୍ଥାନ,
ଭାବିଲି ମୁଁ: ନଅଙ୍କର ଦୁର୍ଭିକ୍ଷ
ଶହେ ଚାଳିଶ ବର୍ଷ ପରେବି ଆଜି କେମିତି
ଅଲଗା ବାଗେ ଆକ୍ରାନ୍ତ କରି ଚାଲିଥାଏ
ମୋ ଓଡ଼ିଶାକୁ

ବଡ଼ବଡ଼ିଆ, ନେତା, କୁଜିନେତା, ମନ୍ତ୍ରୀ
ଆଉ ତାଙ୍କର ପାଖଲୋକ କୁହାଯାଉଥିବା
ଠିକାଦାର ଅଫିସରଙ୍କୁ ନେଇ ଚାଲୁଥିବା ଆମର ଏ
ସରକାରଙ୍କ ପାଖେ ମହଜୁଦଥାଏ ଯେତେ ସବୁ ଯୋଜନା
ଭାତ ଗଣ୍ଡେ କି ପାଣି ମୁନ୍ଦେ ପାଇଁ
କେହି ମରନ୍ତିନି ଦଳଚକଟା ଠେଲାପେଲା
ଲମ୍ବାଧାଡ଼ିର ଅନ୍ନ ଛତ୍ରରେ
ବନ୍ୟା ବାତ୍ୟାରେ ନିଃସ୍ୱ ହେଉଥାଏ ମଣିଷ
ଘାଇ ମୁହଁରେ କି ସମୁଦ୍ର କୂଳରେ ॥

ମାହାରାକୂଳ ଘାଇରେ ଆକ୍ରାନ୍ତ ବଂଧୁଙ୍କୁ
ଭେଟିବାକୁ ଯାଇ ମତେ ଗାମୁଛା ପାଲଟି
କେଉଁଠି ଅଣ୍ଟାଏତ କେଉଁଠି ଛାତିଏ ଯାଏଁ ପାଣିରେ
ପଶିବାକୁ ହେଲା
ଆଜି ଫେରି ହେବକି ନାହିଁ ସଂଦେହ
ଜାମାପଟା ଛତା ଜୋତା ମୋବାଇଲ
ତିନିମୁହାଣି ବିଜିନି ଦୋକାନରୁ କିଣିନେଇଥିବା
ସେପ୍ଟେମ୍ବର "ଉଦ୍‌ଭାସ"ର ଶେଷ କପି
ଡାହାଣ ହାତରେ ଟେକି ଧରିଥାଏ;

ଠାଏ ଠାଏ ଖାଇ ଯାଇଥିବା ଏ ରାସ୍ତା
ରାସ୍ତା ନୁହେଁତ "ପରଗାଆଁ ନଈ" ଯେମିତି
ଗୋଡ଼ ଠିକ୍‌ରେ ପଡୁନଥାଏ ଅସ୍ଥିର ଟଳ ଟଳ ପାଦ
ଭୋକିଲା ଅଜଗର ପରି ମାଡ଼ି ଚାଲିଥିବା ପାଣିସୁଅରେ
ବଂଧୁ ପିଲାଙ୍କ ପାଇଁ କିଛି ଫଳ ବିସ୍କୁଟ ପାଉଁରୁଟିର ପୁଡ଼ିଆ
ପତ୍ନୀଙ୍କ ତାଗିଦା ସିଜାପାଣିବୋତଲ
ଟେକି ଧରିଥିବା ବାଆଁ ହାତରୁ ମୋର
ଖସିଯାଏ।

ନଈବାଲି

ଘାଟିଆ ଡଙ୍ଗା ପାରି ଚାହିଁ ବସିଥାଏ ।
ବର୍ଷାର ବଢ଼ି, ବୈଶାଖର ଖରା,
ଶରତର କାଶତଣ୍ଡୀ
ଏସବୁ ନଈବାଲି ପାଇଁ ।

କେଉଟ ଘର ଝିଅ ବାଲି ଉପରେ ଲୁଗାରଖି
ପାଣିକୁ ପଶେ
ପ୍ରଧାନ ଘର ପୁଅ ସେଇବାଟ ଦେଇ
ଘରକୁ ଆସେ ।

ଦିନେ, ସକାଳୁ ସକାଳୁ ହାଲ୍ଲା ହୋଇଯାଏ-
"ଯୁଆନ ବୟସର ଯୋଡ଼େ ପୁଅ ଝିଅ
ହାତ ଛନ୍ଦାଛନ୍ଦି ହେଇ ନଈବାଲିରେ ଲାଗିଛନ୍ତି,
ଫୁଲି ହେଁ ମେରୁ"
ଲୋକେ ଧାଆନ୍ତି
ପିତେଇ ପାଗିଳୀର ପେଟ ବାହାରିବା କଥା ଶୁଣି
ତାକୁ ଘେରି ଦେଖନ୍ତି ।
ଛୋଟ ପିଲାମାନେ ନଈବାଲିରେ ଘର କରି

ଖେଳନ୍ତି ।
ବୁଢ଼ା ବୁଢ଼ୀଏ / ନିଆଶ୍ରୀଏ କେହି ମଲେ
ପୋତା ହେବାକୁ ଯାଆନ୍ତି ।
କେହି ପିତୃପୁରୁଷଙ୍କୁ ନଈବାଲି
ପିଣ୍ଡ ଦେବା କଥା କହନ୍ତି ।

ରକ୍ତ ମାଂସ ହାଡ଼ରେ ଗଢ଼ା ଆମର ଏ ଦେହ
ନଈ ବାଲି ପରି / ବର୍ଷାରେ ଭିଜେ
ବୈଶାଖରେ ତାତେ
ଶୀତରେ ଶିହରିତ ହୁଏ
ଶେଷରେ ଆଉ ନଥାଏ,
ଉଭାନଈ
ଘାଟିଆ ଡଙ୍ଗା ପାରି ଚାହିଁ ବସିଥାଏ ।

■■

ସମୟ ନାହିଁ

ମଣିଷକୁ ସମୟ ନାହିଁ
ଉଠେଇ ଆସୁଥିବା ମେଘକୁ
ସମୟ ନାହିଁ
ଉଡ଼ି ଯାଉଥିବା ପକ୍ଷୀକୁ
ସମୟ ନାହିଁ
ବୁଡ଼ି ଯାଉଥିବା ସୂର୍ଯ୍ୟକୁ
ସମୟ ନାହିଁ

କାହାରିକୁ କେବେ କ'ଣ ସମୟ ଥିଲା ?
ସମୟକୁ ହିଁ
ଯିଏ ଯାହା ଥିଲେ ||
==

ଭତ୍ତା

ନିଜେ ବଂକୁଳି ବାଡ଼ି ପରି
ନାକ ଲାଗିବା ଲାଗିବା ଉପରେ ଆଣ୍ଠୁକୁ
ବୁଢ଼ୀ ବାଡ଼ିଖଣ୍ଡେ ଧରି
ଆସି ପହଞ୍ଚିଲା ।

ଅଣ୍ଟା ଉପରକୁ ଉଠିବାକୁ ନାରାଜ
ମୁଣ୍ଡଟେକି ଚାହିଁଲା
କହିଲା,
ପାଇଖାନା ପିଲ ଗଣ୍ଡେ
ଦେବୁତ ବାପ ।

ଆରି ଭିତରେ ବୁଢ଼ୀ
ତିନି ଚାରିଥର ପଞ୍ଚାୟତ ପିଣ୍ଡାଆଡ଼େ
ମୁହଁ ବୁଲାଇ ଚାହିଁଲାଣି
ଫେରି ଗଲାବେଳେ କହିଲା:
“ଭତ୍ତା ଗଣ୍ଡାକ କେବେ ମିଳିବ
ଜାଣିଛୁକି ବାପ
ପାଞ୍ଚଥର ଆଇଲିଣି

ଦେଖା ମିଳୁନି କାଆର
କେତେ ବେଳେ ଖୋଲୁଚି କି ?
କହିଲି:
"ପତି ଘରକୁ ଯାଇ ପଚାରୁନୁ"।
ବୁଢ଼ୀ କହିଲା:
"ସିଏ କ'ଣ ଆଉ ଦଉଚିକି,
ତା ବଦଳେ ଜଣେ ମିଆଁ ପୁଅ ଦଉଥିଲା
ସିଏ ଗଲାଣି।

ଯିଏ ଆଇଲା ଖାଇଲା ଗଲା
ଶୁଣୁଚି, ଏବେ କାଲେ
ଜଣେ ବଂଗାଳି ପୁଅ ଦବ"।

ପଚାରିଲି କେତେମାସ ହେଲାଣି ?
"ମାସେ ନଅଦିନ ହେଲାଣି
କିଏ ଦଉଚି କାହିଁ ?
ଯାହା ଜଣା ଯାଉଚି ଆଉ ଆସି ପାରିବି ନାହିଁ॥

ବାରୁଣୀ ବାରିକ ବନାମ୍ ମୃଷା ପ୍ରସଂଗ

କଲିକତାର
ପଥୁରିଆ ଘାଟରେ ସେ ଫୁଲବିକେ।

ଶୋଳ ବର୍ଷରୁ ତାର ବାପାଙ୍କ ଅନ୍ତେ
ତେପନ ବର୍ଷ ଯାଏଁ ତାର ଥିଲା
ଫୁଲ ବେପାର।

କେତେ କିସମର ଫୁଲ
ସେ ବିକିଛି।

ସେ ଦେଖିଛି
ଗୋରା ଫୌଜୀଙ୍କ ଦମନ
ଦେଖିଛି ହିନ୍ଦୁ ମୁସଲମାନଙ୍କ ହାଣକାଟ
ଦେଖିଛି ମହାତ୍ମାଜୀଙ୍କ ଅନଶନ
ଦେଖିଛି ଦେଶ ସ୍ୱାଧୀନ ହେବାର ସେ
ଉତ୍ସବ ମୁଖର ସୁସଜିତ ଦିନ ସବୁକୁ
କେମିତି ଆମ ପତାକା ସବୁ
ଫର ଫର ହୋଇ ଉଡ଼ିଛି।

ଆଜି ଉତ୍ତର ବାର୍ଦ୍ଧକ୍ୟରେ
ଭୋଟ ଦେଇ ଫେରି
ପାଣି ଟେକୁଛି ସୂର୍ଯ୍ୟଙ୍କୁ
ନୂଆ ଦଳଟେ
ସରକାର ଗଢ଼ିବାକୁ
କେହି ପଚାରିଲେ କହୁଛି
ସେମାନେ ପୁରୁଣା ମୂଷା
ତାଙ୍କ ଦାନ୍ତ ଖୁବ୍ ଦାଢ଼,
ଏମାନେ ନୂଆ ମୂଷା ଗଢ଼ନ୍ତୁ ଗଢ଼ନ୍ତୁ
ଭଲ ଭଲ ।

■■

ନଈବାଲି

କାହାରିକୁ
ଅଟକାଇ ରଖିପାରି ନାହିଁ।

ଯେଉଁମାନେ ଆସିଛ
ଫେରି ଯାଇଛ।

ଏବେ
ଖାଲି ପରଖି ବାର କଥା
ତମେ
ଛାଡ଼ି ଯାଇଥିବା
ପାଦ ଚିହ୍ନ
କାହାର
କେତେ ସ୍ପଷ୍ଟ।

ଭୀମ ଭୋଇର ଗାଆଁ

ଏବେ ଜାଣୁଛି,
ଯେଉଁ ଦିଗରେ ଅନ୍ଧାର ହୁଏ
ସେଇ ଦିଗରେ କବିଟିଏ ଜନ୍ମନିଏ।
(ତାଙ୍କ କବିତାର ଗୋଟିଏ ଧାଡ଼ି ପଢ଼ି ମୁଁ ଚିକିତ ଚମତ୍କୃତ
ଯାହାକି "ପଶ୍ଚିମ ଦିଗେ ମୋ ଘର, ବହୁତ ଦୂର"-ଭୀମ ଭୋଇ)

ଇଏ ଭୀମ ଭୋଇର ଗାଆଁଟି
ଭୀମଭୋଇ ଏଇଠି ରୁହେ
ଏଇଠି ତାର ଘର ସଂସାର ଅନ୍ଧାର
ଶୂନ୍ୟ ମନ୍ଦିର।

ତାର ଭାରିଯା ପିଲାପିଲି ସବୁ ଏଇଠି
ପୁଣି ଗାଆଁ ଗାଆଁ, ଗାଆଁରୁ ସହର
ସହରରୁ ରାଜଧାନୀ ସମସ୍ତେ ତାର
ସେ ଥାଏ ସବୁଠି।

କନ୍ଧଟିଏ,
ଧର୍ମ ଆଉ ଧର୍ମାନ୍ତରରେ ଭୀତ ତ୍ରସ୍ତ କୋଉ କନ୍ଧମାଳର

ନା, ଅନ୍ଧକବି ଜାତି ଅଜାତି ପ୍ରଜାତିରେ ଗଢ଼ା
କୋଉ ଜାତି ସଂଘର। ସେ'ତ କୀଟ ପତଙ୍ଗ
ସ୍ୱର୍ଗ ନର୍କ ଛପନ କୋଟି ଜୀବ ଜଗତ
ତେତିଶ କୋଟି ଦେବଦେବୀ ଗଛ ବୃଛ
ବ୍ରହ୍ମାଣ୍ଡର।

ଏସବୁଙ୍କ ଉପରେ ତା'ର
ଏକ ଚାଟିଆ ଅଧିକାର ॥

ଭୀମଭୋଇର ଗାଆଁ ଆଡ଼େ ବୁଲି ଆସିଥିଲି
ପାଖରେ ଥିଲା କିଛି ଟଙ୍କା ଖଣ୍ଡେ ଗାମୁଛା, ଲୁଂଗି
ଗୋଟେ କାନ୍ଧ ଝୁଲା ବ୍ୟାଗ୍, ଅଧାଲେଖା ଡ଼ାଇରୀ
ଜାମା ପକେଟରେ ଅଧା ସରିଆସିଥିବା
ଗୋଟେ ଡ଼ଟପେନ୍।

ଘରୁ ବାହାରିଲା ବେଳେ
ପିଲାମାନଙ୍କର ଅଳିଥିଲା
"ବାପା ଭଲ ଜିନିଷ କ'ଣ ଆଣିବ"।

ବଳେଇ ଦେବାକୁ ଆସି ପତ୍ନୀ କହିଲେ
ଏତେ ବାଟ ପୁଣି ରେଳ ଗାଡ଼ିରେ ଯିବ
ଟଙ୍କା ପଇସା ମୋବାଇଲ ଖାଇବା ପିଇବା
ଦେହ ପାଆକୁ ଟିକେ ଜଗିବ
ଦେଖିବଟି ଯଦି ଭଲ ଜିନିଷ କ'ଣ ମିଳେ।

ଭୀମ ଭୋଇର ଗାଆଁ ଇଏ
ଗାଆଁରେ କନ୍ଧ, କବିରେ ସନ୍ଥ, ଆଖିରେ ଅନ୍ଧ

ମୋହାନ୍ଧ ମୁଁ,
ଏଠି ଦୁଃଖି ରଂକି ଆର୍ତ୍ତୀ ଯେମିତି
ବହି ଚାଲିଥିବା ମହାନଦୀ ପାଣି
ଗୁଣୁଗୁଣେଇଲି ତାଙ୍କରି ଗୋଟିଏ ଧାଡ଼ି
"ପ୍ରାଣୀଙ୍କ ଆରତ ଦୁଃଖ ଅପ୍ରମିତ"
କ'ଣ ନେବି ? ହଁ; ଘରେ ରଖାଯାଇପାରେ
ଗୋଟେ ଖଂଜଣି ॥

ବର୍ଷାଦିନ

ନଈରେ ପାଣି ଆସେ
ଉଛୁଳି ପଡୁଥାଏ ନଈ ।
ବାପା ଫେରନ୍ତି ହାଟରୁ ପରିବା ଧରି
ଛତାର ଟାଙ୍କଟା ଛିଡ଼ି ଯାଇଥାଏ
ବେଗ ପୂରିନଥାଏ ।

ପାଣି ଫୁଟୁକା ସାଂଗରେ ଖେଳିବାକୁ
ପାଣି ଫୁଟୁକା ପରି ବର୍ଷାରେ ତିନ୍ତିବାକୁ
ଜିଦି କରୁଥିବା ଝିଅକୁ
ଟେକି ଆଣିବାକୁ ପଡ଼େ ଘର ଭିତରକୁ
କହେ: "କହିଲୁ ତୋର ସେ ରାଇମ୍‌ଟା,
କ'ଣ ତ ସେଟା..."
"ପ୍ରଥମ ଦେଖାରେ ପ୍ରଭୁହେ..."
ସେ ସ୍ୱରଧରେ ।

ରେଡୁଅରେ ଭୂପେନ୍ ହଜାରିକାର
"ରୁଡ଼ାଲି"ରୁ ଗୋଟେ ବର୍ଷା ସଂଗୀତ
ମୋର ବ୍ୟସ୍ତ ପ୍ରସ୍ତୁତି

ଆଜି ସବୁ ଡ଼େରି ହେଇଯାଏ
ପତ୍ନୀଙ୍କ ଗାଧୁଆ ସରିନଥାଏ
କପେ ଗରମ ଚାହା ହେଲେ ଚଳନ୍ତା
ହାତରେ ଡିଆସିଲି କାଠିର ନିଆଁ
ଗ୍ୟାସ୍ ସରି ଯାଇଥାଏ ॥

■■

ମାମୁଘର ଗାଆଁ

ମାମୁଘର ଗାଆଁକୁ ଯିବା ପାଇଁ
ଖରାଦିନିଆ ବିଲ ରାସ୍ତାରେ ଯଦିଓ ଏବେ
ନୂଆ ମାଟି ନାଲି ଗୋଡ଼ି ପଡୁଥାଏ
କୋଇଲିଖିଆ କଂଟା ହିଡ଼ ଡେଇଁ
ମାମୁ ଘରେ ପହଁଚିବାକୁ ମାଇଁର କୋଳ,
ଲୁଗାକାନି, ପୋଖରୀ ମାଛ, ବଢ଼ି ପଖାଳ ବାସ୍,
ମନ କିତୁ ଉଛୁର ହେଉଥାଏ ।

ବସ୍ ରହିଲେ ସିଧା ଦିଶେ ଭେଡ଼ା ଡେଇଁ
ମାମୁଘର ଓ ମନ୍ଦିର
ଖାଲି ଯାହା ନଈଟା ହିଁ ଦୂର ।

ସେଥର (ପ୍ରଥମ ଥର)
ମାମୁଝିଅ ବାହାଘର
ଖୁବ୍ କମ୍ ବୟସରେ ମଉସାଙ୍କୁ ହରେଇ
ଭାଂଗି ପଡ଼ିଥିବା ମାଉସୀ ଓ
ତାଂକ ଝିଅ 'ପିନା' ସହ ଦେଖା
କେତେ କଥା
ସୁଖର ଓ ଦୁଃଖର ।

ନଈରେ ବଢ଼ି ଆସିଲେ ପାଣି ଲାଗେ ଓଳିକଡ଼େ
ଆମେ ସବୁ କାଗଜ ଚିରି ଡଂଗା ଭସଉ
ଆମର ଅଦରକାରୀ ରଫ୍ ଖାତାରେ
ଆରସନ ଭରା ନଈରେ
ନୌକା ବୁଡ଼ି, ଆହା
କେତେ ଲୋକ ଚାଲିଗଲେ ଅକାଳରେ ।

ମାମୁ ବାହାରେ ରୁହନ୍ତି
ମାଇଁ ରୁହନ୍ତି ଘରେ
ଆମକୁ ସବୁ ଏମିତି ବେଳେ ବେଳେ
ଦେଖାଶୁଣା କରିବାକୁ ପଡ଼େ
ମାସେ କି ଦୁଇମାସରେ ଥରେ ।

ଜୀବନର ଘୋର ଘନଘଟା ଭିତରେ
ଏଠି କେବେ ଗଜା ମରୁଡ଼ି ତ
କେବେ ପୁଣି ଫସଲ ଉଜୁଡ଼ି
ତଥାପି କେତେ ଆପଣାର ଆପଣାର
ମାମୁଘର ଗାଆଁ ଜହ୍ନରାତି
ଆକାଶ ପରି କେତେ ସଫେଦ୍ ସୁନ୍ଦର
ନୀବିଡ଼ରୁ ନୀବିଡ଼ତର
ତା'ର ଚିର ସ୍ମୃତି ।

ସେଠୁ କେବେ ବିଦାୟ ନେବାର କଥା
କହି ହୁଏନା, ବିଦାୟ ନେଇ ହୁଏନା
ଇଏ ପରା ଆମ ମାମୁଘର ଗାଆଁ ।

■■

ବୋଉ

ମାନ୍ଧାତା ଅମଳର
ଝିଂକାପକା ମାଟି ଚୂଲା
ଜଳିଲେ
ଧୂଆଁ ଉଠେ
ଚାଳ ଦେଇ
ଉପରକୁ
ସଭିଏଁ ଜାଣନ୍ତି ।

ଲିଭେ;

କିଂତୁ
ନିଆଁ ଥାଏ
ଅନେକ ସମୟଯାଏଁ ।

ବୁଢ଼ିଆଣୀ

ଏମିତି କୌଣସି ସ୍ଥାନ ନାହିଁ ଯେ,
ଯେଉଁଠି କି,
ସେ
ଜାଲବୁଣି ପାରି ନ ଥାଏ ।
ମହାରାଜାଙ୍କ ପ୍ରାସାଦଠାରୁ
ମେଷପାଳକର ଘରଯାଏ
ସବୁଠି ॥

ଯଦିଓ ଝିଅ ପାଇଁ

ପତ୍ନୀ କହିଲେ
ଏତେ ଗପ, କବିତା, ଗୀତ ଲେଖୁଛ
ଝିଅ ପାଇଁ ଭଲ ନାଆଁଟିଏ ହେଲେ ବାଛ;
କହିଲି: ଏବେ ଠାରୁ କାହିଁକି,
ତା'ର ତ ଏବେ ଖାଲି ଗପ ଦରକାର, ଗୀତ ଦରକାର
ଖାଇଲାବେଳେ, ଶୋଇଲାବେଳେ, ଖେଳିଲାବେଳେ
ଯୁଆଡ଼େ ଯାଅ ଗପକୁହ, ଗପ ଶୁଣ
ତା'ର ନାଁ ଲେଖା ବେଳକୁ
ମନକୁ ପାଇଲା ଭଳି ନାଁଟିଏ ବାଛି
ଲେଖିଦେଲେ ହେବନି,
ଏବେ କିଏ କ'ଣ ଡାକୁଛି ଡାକୁ।

ତାକୁ ଏବେ ଦୁଇ ପୂରି ତିନି ଚାଲୁଛି
ଆମେ ଶିଖେଇବା ଖଣ୍ଡି ଖଣ୍ଡି କଥାଟିମାନ କହୁଛି
ନାଆଁ ପଚାରିଲେ କହୁଛି 'କୁଷୁନା'
ବାପାଙ୍କ ନାଆଁ ?
ମନଲଂଜନ।
ମାଆଙ୍କ ନାଆଁ ?
ଶାନ୍ତିଲତା।
ଘର ?

ଇଦୁପୁଲୁ ।
ଛେଳି କେମିତି ବୋବାଏ ?
ମେଏଁଏଁ... ମେଏଁଏଁ ।
କାଉ କେମିତି ବୋବାଏ ?
କାଆଆ.......... କାଆଆ ।
ଗଧିଆ ଛେଳି ଛୁଆକୁ କ'ଣ କହିଲା ?
ମୋ ଗାଚ କାଇଁକି ଖାଉଚୁ
ମୋ ପାନି କାଇଁକି ପୁଉଚୁ ।

ଏମିତି କିଛି କଥା ତା' ମହୁଁରୁ ଶୁଣିବାକୁ
ଯେମିତି ତା' ସାଂଗରେ ଲାଗିଥାଉ
ତାରି ବୟସର ହେଇ ତା' ଖଣ୍ଡି ଖଣ୍ଡି ପ୍ରଶ୍ନର
ଉତ୍ତର ମଧ୍ୟ ଦେଇଥାଉ ।

ସେଦିନ ଭୁବନେଶ୍ୱର ଜଣେ ବଂଧୁଙ୍କ ଘର
ବୁଲି ବାହାରି ବସ୍‌ରେ ବସିଛୁ ଆଖି ପଡ଼ିଲା
ଖବରକାଗଜ ଉପରେ
ଗୋଧ୍ରା ଦଂଗା, ସାବରମତି ଏକ୍ସପ୍ରେସ୍‌ରେ ନିଆଁ,
ଆଖି ପଡ଼ିଲା, ଜଳନ୍ତା ଗୋଟେ ଡବାର
ଝର୍କା ଦେଇ ବାହାରକୁ ବଢ଼େଇ ଥିବା ଗୋଟେ
ମୃତ ଶିଶୁର କଅଁଳ ହାତଟି ଉପରେ
ଆଃ, ଗୋଟେ ଅହେତୁକ କ୍ରୋଧର ବିସ୍ଫୋରଣ
ଯେମିତି ମୋ ଭିତରେ
(ମନେ ପଡ଼ିଲେ ବାପୁ ମହାତ୍ମା, ତାଙ୍କରି ହାତ ଗଢ଼ା ଆଶ୍ରମ
ଅହିଂସାର ସାବରମତି)
ଏତିକି ବେଳେ କୃଷ୍ଣା
ତା'ର ଟିକି ଆଂଗୁଠିଟି ବଢ଼େଇ

ନିଆଁଲଗା ପ୍ରଥମ ରେଳଗାଡ଼ିର ଫଟଚିତ୍ର ଦେଖି
କହିଲା- "ବାପା ଇଏ କନ' ?
ଉପାୟ ଶୂନ୍ୟ
ଆଂକରତ କଥା ବାହାରୁ ନ ତାଏ ପାଟିରୁ
ଆଖି ଛଳ ଛଳ, କହିଲି-
ଇଏ ଗୋଟେ ରେଳଗାଡ଼ି
ଏଥିରେ ନିଆଁ ଲାଗି ଯାଇଛି
- ଆଉ ଇଏ ?
ତୁମରି ପରି ଗୋଟେ କୁଲି ପିଲାତ
କାଖ ହବା ପାଇଁ ହାତ ବଢ଼ାଇଛି ।

ଏୟାରି ଭିତରେ କେତେବେଳେ ଆସି ପହଞ୍ଚି ଯାଇଛୁ
କଂକ୍ରିଟ ଆଉ ଲୁହାଛଡ଼ରେ ଦିନକୁ ଦିନ
ବଦଳି ଯାଉଥିବା ସିଆର୍‌ପି ଛକରେ
ଓହ୍ଲାଇ ରିକ୍‌ସା ଧରୁଛୁ
ଆମ ଅଜଣାନ୍ତରେ ରାସ୍ତାକଡ଼ରେ
ଗୋଟେ ଆକାଶ ମୁହାଁ ଉଡ଼ାଜାହାଜ ସହ
ଗୋଟେ ପ୍ରଜାପତିର ଛବି ଥିବା ବିଜ୍ଞାପନଆଡ଼େ
ଆଂଗୁଠି ବଢ଼େଇ କୃଷ୍ଣା କହିଲା
ବାପା ଇଏ କନ ?
ଇଏ ଗୋଟେ ଉଡ଼ାଜାହାଜ ।
ଆଉ ଏଇଟି ଗୋଟେ କୁନି ପ୍ରଜାପତି
ତମେ ବଡ଼ ହେଲେ ଉଡ଼ାଜାହାଜରେ
ପ୍ରଜାପତି ପରି ଆକାଶରେ ଉଡ଼ିବଟି
ତମକୁ ସମସ୍ତେ ଡାକିବେ କୃଷ୍ଣା ପ୍ରଜାପତି
କୃଷ୍ଣା ପ୍ରଜାପତି ।

କ'ଣ ଭାବୁଥିଲେ କେଜାଣି
ପତ୍ନୀ କହିଲେ- 'ହେଇଟି କେମିତି ହୁଅନ୍ତା
ଝିଅର ନାଁ ଦେଲେ
କୃଷ୍ଣା ସାବରମତି।

ଗୋଟେ ନିର୍ବାକ ଚଳଚ୍ଚିତ୍ରର ନାୟକଟିଏ
ପାଲଟି ଯାଉଥିଲି।

■■

କନ୍ଧମାଳ ସେଦିନ
କୃଷ୍ଣପକ୍ଷ ଅଷ୍ଟମୀ ତିଥିର ରାତି

ମୁଁ କ'ଣ ଜାଣିଥିଲି (?)
ମତେ ଅଷ୍ଟମ ଗର୍ଭଯାଏ ଅପେକ୍ଷା କରିବାକୁ ପଡ଼ିବ।

ପ୍ରତି ଗର୍ଭ ମୋର ଯନ୍ତ୍ରଣାରେ ଛଟପଟ।
ମାଆ ଡାକଟିଏ ଶୁଣିବାକୁ
ଏତେ କଷ୍ଟ ସହିବାକୁ ପଡ଼େ
ଏପରି ହୁଏ କି ବେଳେ ବେଳେ ମୋର
ଚେତା ଚାଲିଯାଏ।

ମୁଁ ହୁଏ ସନ୍ତାନ ହୀନା।

ଆଉ ସେମାନେ, ଯେଉଁମାନେ କି-
ମୋର ମୋର ବୋଲି ଛାତିରେ ହାତ ଦେଇ
କହି ବୁଲନ୍ତି- 'ଇଏ ଆମର ମାଆ ଧର୍ତୀ ମାଆ'
ଆମକୁ ଜନମ୍ ଦେଲା, ଆହାର ଦେଲା
ଶୀତ ଦେଲା, ଖରା ଦେଲା, ଏବେ
ସେମାନଙ୍କ ମୁହଁରେ ତ ବଂଧା

ଗୋଟେ ଅଦୃଶ୍ୟ ନାଲିଫିତା, ଧର୍ମଧ୍ୱଜା
ଭାଇ ସାଜେ ଭଗାରୀ ବଇରୀ
ଦାଣ୍ଡରେ ହାଟରେ ଘାଟରେ
କେହି କାହାରିକୁ ରକ୍ତର ବୋଲି ଭାବନ୍ତିନି ଥରେ।

ଏଥର କିନ୍ତୁ ସେଭଳି କିଛି ହେଲାନି
ମୁଁ ଗର୍ଭ ଯନ୍ତ୍ରଣାରେ ଛଟପଟ
ରାତି ଯେତିକି ଯେତିକି ବଢ଼ି ଚାଲିଥାଏ
ସେତିକି ସେତିକି ବଢ଼ି ଚାଲିଥାଏ
ମୋର ଯନ୍ତ୍ରଣା।

ଠିକ୍ ଏତିକି ବେଳେ ଆରମ୍ଭ ହେଇଗଲା
ଛଦ୍ମମୀ ଅସୁର ଦଳଙ୍କ ଅତ୍ୟାଚାର, ଆକ୍ରମଣ
ପୁରପଲ୍ଲୀ ନଗ୍ର ରାଜଧାନୀ
କାରାଗୃହ ମାଣ୍ଡିଆ କ୍ଷେତ ହଳଦୀ କିଆରି
ଝୋଲା, ଡଂଗର
ଯେତେ ସବୁ ସ୍ଥାନ
ଦେବତାଙ୍କର।

ସାଂଗରେ ଆଣିଥିଲେ ବହଳିଆ ଅଂଧାର
ଚାନ୍ଦିନୀ ରାତିର ନିରୀହ ଚାଳଘରଟି ମାନରେ
ଲଗେଇ ଦେଲେ ନିଆଁ
କଲେ ଲହୁ ଲୁହାଣ ଧର୍ଷଣ
ଯଜ୍ଞବେଦୀର ଯାଜକଙ୍କୁ
ଦେଲେ ମୃତ୍ୟୁ ଦଣ୍ଡ।
ଗୁଳିଗୋଳାରେ ରକ୍ତ ମୁହାଁ
ଗଗନ ପବନ ଉଛନ।

ସେମାନେ ତ କେହି ଆଜିଯାଏଁ
ମତେ ବୁଝିପାରିଲେନି
ଭାବିଲି ଏ ଦେହ ଆଉ ରଖିବିନି
ଏ କଷଣ ଏ ଯନ୍ତ୍ରଣା ଆଉ ସହିବିନି
ହେଲେ, ପାରୁଛ କି ?
ଏ ଦେହ କ'ଣ ଖାଲି ମୋରି ଏକା ହେଇ ଅଛି କି ?
ମୋ ଭିତରେ ବଢୁଥିବା ଆଉ
ଜନ୍ମ ନେବାକୁ ଚାହୁଁଥିବା ଛୁଆଟିର ତ ଅଧେ
ତାକୁ କି ଉତ୍ତର ଦେବି ?

ସେ ଆଡ଼େ ସମୁଦ୍ର

ବର୍ଷାର ଛାଟ ନମାନି
କାଗଜରେ ଡଂଗା କରି ଭସାଉଥିବା
କୁନି ପିଲାଟିକୁ
ପଚାରିଦେଲି
ସମୁଦ୍ର କେଉଁଆଡ଼େ ?
"ଏଇ ସେଏ' ଆଡ଼େ"- କହିଲା,
ଯେଉଁଆଡ଼େ
ତା'ର କୁନି ଡଂଗା
ଭାସି ଭାସି ଯାଉଥିଲା ।

ସ୍ୱୀକାର କରୁଛି
ସେଦିନ ପ୍ରଥମ କରି ହିଁ ଜାଣିଲି
ସମୁଦ୍ର କେଉଁଆଡ଼େ ।

■■

ଆମେରିକା

ଆଜି ମନେ ପଡ଼େ
ତମରି କଥା କବି ଜିନ୍‌ସବର୍ଗ
"ଆମେରିକା, ଯା ମର ତୋ ଆଟମ୍‌ବମ୍‌କୁ ନେଇ"
ନିୟୁଟ୍ରନ ପ୍ରୋଟନ୍‌ର କଥା, ଜୀବ ବିଜ୍ଞାନୀ
ରସାୟନ ବିଜ୍ଞାନୀଙ୍କ କଥା ଆଉ
ପାକିସ୍ଥାନରୁ ପାଲେଷ୍ଟାଇନ୍
ହ୍ୱାଇଟ ହାଉସ୍‌ରୁ ପେଣ୍ଟାଗନ୍
ଯେତେ ଯାହା
ଗୋପନୀୟ କଥା।

୯/୧୧
ନିୟୁଅର୍କ ବୋମା
ଏବେ ହୋଟେଲର କେକ୍‌ରେ
ବଗିଚାର ଫୁଲରେ, ଏରୋପ୍ଲେନ୍‌ର ଦିଗନିର୍ଣ୍ଣୟ ଯନ୍ତ୍ରରେ
ଶିଶୁଙ୍କ ଖିର ଡ଼ବାରେ
ଏପରିକି ଆମ ପିଲାମାନଙ୍କ ପାଠବହିରେ
'ବି' ଫର 'ବମ୍' ବୋଲି
ଦେଖିବାକୁ ମିଳେ।

"ନରେବା ଗୁଂଜରେ" ପରି ଟିକେ ଚତୁରତାର ସହ
କହିପାରିଲେ ସାମ୍ରାଜ୍ୟ ବାଦଟା
ସମାଜବାଦ ପରି ଶୁଭେ।

କାହାରିନା କାହାରିଙ୍କ ଦାରିଦ୍ର୍ୟତା ଅଶିକ୍ଷିତା
ଅନ୍ୟକୁ ଧନୀ ଆଉ ସମୃଦ୍ଧିର
ମାନ୍ୟତା ଦେଇଥାଏ।
ଆମେରିକା ତୁ କେବଳ ଉପର ହାତରେ
ଦେବା କଥା ଜାଣୁ
ତୋର ଗୋଡ଼ାଣିଆ ତଳ ହାତିଆଙ୍କୁ ହାତେଇ ତୁ ଖୁସିହେଉ
ଆଉ ସମକକ୍ଷ ସିଧାହାତ ବଢ଼ାଉଥିବା
ଯେକେହି ହୁଅନ୍ତୁନା କାହିଁକି
ପଛୁଆ ଛୁରୀ ମାରିଥାଉ।

ବିରାଡ଼ିଙ୍କ କଳିରୁ ଧୂର୍ତ୍ତ ମାଙ୍କଡ଼ର
ମନସ୍ତତ୍ତ୍ୱ ତ ତୋରି
ତୋ ରୋବଟର ମୁଣ୍ଡ ପାଇଁ
ଆଉ କବିତା କାହିଁଯେ
ତୋର ରାତ୍ରିଚର ବି-୫୨ ବମ୍ୱର
ସାରା ପୃଥିବୀର ନିଦ ଭାଂଗିଦିଏ
ଗୋଟିଏ ପରେ ଗୋଟିଏ
କାହାର ପାଳି କେତେ ବେଳେ ପଡ଼େ କିଏ ଜାଣେ
କାହାର କ'ଣ କହୁଛ ହୋ ?
ଆମେରିକା କାହାର ନୁହେଁ, କାହାର ନୁହେଁ
ଆମେରିକାର ବି।

■■

ଦେଶ

ତା, ଦେହରେ
ଯେତିକି ନିଆଁ ଅଛି
ସେତିକି ପାଣିବି ଅଛି
କେହି କହାରିକୁ ବୁକେଇ ଗଲେ
ସବୁ ଗୋଳ ମାଳ ହୋଇଯାଏ

ଦେଶ:
ଯାହାକୁ ଗଢ଼ିଛେ
ଆମ ହାତରେ
ଆମର ଅଜସ୍ର ଶ୍ରମରେ,

ଦେଶ:
ଯାହାର ସୃଷ୍ଟି
ଆମ ରକ୍ତରେ
ଆମର ଅଜସ୍ର ପ୍ରେମରେ

ସେ ହସୁଅଛି
ତାକୁ କନ୍ଦାଅନି
ଶାନ୍ତ ଅଛି
ତାକୁ ରଗାଅନି ।

■■

ମଲାଙ୍ଗ

କିଏ କହିପାରିବ ପାଦତଳେ ମୋର
ଶବଟିଏ ପୋତା ନହୋଇଛି ବୋଲି
କିଏ ବା କହିପାରିବ
ଏଠି ସ୍ୱପ୍ନ ଭରି
ଫୁଲଟିଏ ନ ଫୁଟିବ କାଲି ।।

କବି କହେ
ଈଶ୍ୱରଙ୍କ ଦେହର ଫୁଲ ଓ
ଶବ ଦେହର ଫୁଲ ମଧ୍ୟରେ କିଛି ତଫାତ୍ ନଥାଏ
ଫୁଲଟିଏ
ସେ ଯେଉଁଠି ଥାଉନା କାହିଁକି
ଆପଣା ଫୁଟି
ଆପଣାଛାଏଁ ହିଁ ବାସିଥାଏ ।।

ମୁଁ ଦେଖିଛି
ଏମିତି ବି ଫୁଲସବୁ ଫୁଟୁ ଫୁଟୁ
ହଠାତ୍ ମୌଳି ଯାନ୍ତି, ନିଜ ରଂଗରେ
ଅନ୍ୟକୁ ଲାଲ କରିଦେବା ବେଳେ

ନିଜେ ରକ୍ତରେ ସଢୁଥା'ନ୍ତି
ସେଠି ଯେମିତି କୌଣସି
ଈଶ୍ୱର ଫିଶ୍ୱର ନଥାନ୍ତି ।।

ଜାଣେ ମୁଁ କୌଣସି ବାଦ୍‌ଶାହାଙ୍କ
ପଛ ଚେଲା ନୁହେଁ ଯେ
ଏଠି ସ୍ୱପ୍ନ ଦେଖିବାକୁ
ଏକ ଦୁର୍ଲଭ ସ୍ଥାନଟିଏ ପାଇଯିବି
ଅବା କୌଣସି ସମ୍ବାଦପତ୍ରର
ପ୍ରଥମ ପୃଷ୍ଠାରେ ପ୍ରକାଶିତ
ଖ୍ୟାତିସମ୍ପନ୍ନ ବ୍ୟକ୍ତି ନୁହେଁ ଯେ
ବୋମାଟିଏ ଫୁଟୁ ଫୁଟୁ
ଫୁଲଟିଏ ଫୁଟେଇଦେବି
ହେଲେ ମୋର ଦୁର୍ମୂଲ୍ୟ ଜୀବନ ଟିକକରେ
ମୁଁ ଆଶାୟୀ ଏବେ ବି;

ତମେ ଈଶ୍ୱର ଅନ୍ତତଃ ଜାଣିରଖ:
ତମ ସାମ୍ରାଜ୍ୟ ପୃଥିବୀ ପାଇଁ
ସମସ୍ତ ବୀଭତ୍ସତା ଓ
ନିଃସହାୟ ଶବ୍ଦ ଭିତରେ
ମୁଁ କିଂନ୍ତୁ
ମଶାଣିର ଫୁଲଟିଏ ହୋଇ ଜନ୍ମ ନେବି ।।
■■

କେବଳ ପାକିସ୍ତାନ ପାଇଁ

ଆଜି ସକାଳୁ ତୋରି କଥାହିଁ କେବଳ ଭାବୁଚି
ପାକିସ୍ତାନ।

କ୍ରମଶଃ ଦୂରେଇ ଯାଉଥିବା
ଏଇ ଯୋଡ଼ିଏ ରାସ୍ତା ଯାହାର ଆରମ୍ଭ ଦିନେ
ଗୋଟିଏ ବିନ୍ଦୁରୁ ହୋଇଥିଲା, ଆମେ କ'ଣ
ସାରା ଜୀବନ ଏମିତି ଏକା ଏକା
ଚାଲୁଥିବା ?

ଡ଼ାଳରେ ଡ଼ାଳ ମିଶାଉଚି ଗଛ
ପାଦରେ ପାଦ ମିଶାଉଚି ମେଘ
ଏଇ ଯେଉଁ ଖରା ଆଜି ଏତେ ଟାଣ ଲାଗୁଛି
ଯେମିତି ବର୍ଷିଯିବ ମୁଣ୍ଡ ଉପରେ, ଦେଖ
ଛାଇ ବଢ଼େଇ ଦେଉଛି ହିମାଳୟ।

ଆକାଶ ଛୁଉଁଚି ଆକାଶକୁ
ସମୁଦ୍ର ଛୁଉଁଚି ସମୁଦ୍ରକୁ
ମାଟିକୁ ଛୁଉଁଚି ମାଟି, ଅଥଚ

ଆମକୁ ଏବେ ମନା ଆମର ପରସ୍ପରର
ଆକାଶ, ସମୁଦ୍ର, ମାଟି।
ତୁ ଯେଉଁ ସାଂପ୍ରଦାୟିକତାର ବୀଜ ବପନ କରିଥିଲୁ
ଏବେ କାହିଁ କେତେ ବଢ଼ିଗଲାଣି ଯେ'
ତାର ସବା ମୂଳ ଲହକା ଡ଼ାଳ ଖଣ୍ଡକଟିକୁ
ବି ଛୁଇଁ ହେଉନାହିଁ।

ନା, ବେଶୀ ନୁହେଁ
ଏଇ ଛାତି ତଳେ ଏବେ ଏଇ ମାତ୍ର
ପଚାଶ ବର୍ଷ ତଳର ଇତିହାସ।

ଆମର ଅଣୁବିଜ୍ଞାନୀଙ୍କ କୌଶଳ
କାହାରିକୁ ଅଛପା ନାହିଁ। ଜାଣୁ(?)
ତୋର ଭ୍ରୁଣ ସବୁ ଏବେବି ସଂରକ୍ଷିତ ତକ୍ଷଶିଳାରେ
ଥରେ ଚିନ୍ତାକରି ଦେଖିଛୁକି
କେମିତି ଥିଲା ଆମର ସେ'ପ୍ରେମର
ଅଖଣ୍ଡ ଭାରତ ବର୍ଷ
ଆମର ପୂର୍ବ ପୁରୁଷ ?

ଗୋଟେ 'ଦେଶ'ର କଥା
ଖାଲି 'ଦେଶ' କହିଲେ କ'ଣ ଠିକ୍ ହେବ
ଗୋଟେ 'ସଭ୍ୟତାର' କଥା
ନା ଗପ ନା କବିତା ନା କଳ୍ପନାର ଗୋଟେ
କାହାଣୀ ହେଇଚି ଯେ' ଯେମିତି ଚାହିଁବ
କେଇଧାଡ଼ିରେ କହି ହେଇଯିବ;

ଇଏ, ଆମ ଲୁହ ଲହୁ ହସ କାନ୍ଦର

ଅଙ୍ଗେ ଲିଭା କଥାଟି,
ଏମିତିରେ ତ ସବୁକିଛି ଛାଡ଼ିଛୁଡ଼ି କହିବାକୁ ଗଲେ
ଆମର ବଂଚିବାଟା ଏମିତି ଏକ
ରେଳ ଧାରଣା ଉପରେ ଯେ'
ଯାହାର ଗୋଟେ ପଟ ଭାରତରେ
ଆରଟି ପାକିସ୍ଥାନରେ।

ରହିବାକୁ ଜାଗା ନାହିଁ

କାବୁଲର ଆକଶ ତଳେ
ପ୍ରଥମେ ବୁଦ୍ଧଙ୍କୁ
ବିସ୍ଫୋରିତ ହେବାକୁ ପଡ଼ିଥିଲା
ଧାର୍ମିକ ନେତାର ବନ୍ଧୁକ ମୁନ
ତାଡ଼ି ଦେଇଥିଲା ଇତିହାସର ମାଟି ।

ନା,
ରହିବାକୁ ଜାଗା ନାହିଁ
ଏବେ ଆଉ କାହାର ।

ନା, କୌଣସି ଅତୀତର
ନା, କୌଣସି ଭବିଷ୍ୟତର ।

■■

ଅକ୍ଷରଧାମ

ନା, କିଛି ଭାଷା ଥିଲା
ନା, ପଦୁଟିଏ କଥା କାହାରି ମୁହଁରେ ଥିଲା
ଗୋଟେ ନୀରବତାର ଝଡ଼ ଭୀତ ତ୍ରସ୍ତ ସଭିଁଙ୍କ
ନିଶ୍ୱାସ ପ୍ରଶ୍ୱାସରେ ଖାଲିଯାହା
ବହିଚାଲିଥିଲା ।।

ଅଥଚ ଦେଖ,
ଏଇ କୁନି ପିଲାଟିକୁ କେମିତି କହିବି,
ସେଇ ରକ୍ତ ପିପାସୁ, ଛଦ୍ମବେଶୀ ଦାନବମାନେ
ତାକୁ ଗୁଳି କରିବା ପୂର୍ବରୁ
ମନ୍ଦିରର ମଝିଟାରେ ସଭିଙ୍କ ସାମ୍ନାରେ ଟେକିନେଇ
ଛିଡ଼ା କରାଇ କହିଲେ:
"କହ ମେରା ଭାରତ ମହାନ" ।।

ଏ ବେଳରେ;
କାହାର ବା ରକ୍ତଥାଏ ଦେହରେ
କାଶ୍ମିରୀରୁ କନ୍ୟାକୁମାରୀ ସଭିଏଁ ସ୍ତବ୍ଧ
ଇତସ୍ତତ ସନ୍ୟ ସାମନ୍ତ ବିବ୍ରତ ଦିଲ୍ଲୀ ଦରବାର
ଯିଏ ଯେଉଁଠି ସେଠେଇଁ

ନିଶ୍ଚଳ ପଥର ।
କାତର ଆଖି, ଅସ୍ପଷ୍ଟ କରୁଣ ସେ ସ୍ୱର
ବାପଟିଏ ମାଆଟିଏ ଛାଡ଼ନ୍ତି ବୋବାଳି
ହେ ବିଧାତା ଏକି ପରୀକ୍ଷା ତୁମର ॥

ଆଜି ସେପ୍ଟେମ୍ବର ଚବିଶ
ଏଇ ଗଲାମାସ ଅଗଷ୍ଟର ଆକାଶରେ
ଆମେ ଉଡ଼େଇଥିବା ଆମ ତ୍ରିରଙ୍ଗାରେ ଗୋଳି ହେଇ
ଯେମିତି ଏଇ ତିନୋଟି ଶବ୍ଦ, ଶବ୍ଦ ବ୍ରହ୍ମ
କେତୋଟି ଅକ୍ଷରର
ତା' ପଢ଼ାବହିର ରାଇମ୍‌ରେ
କୁନି ପାଟିରେ ତାର ଆଗରୁ କେବେ
ଉଚ୍ଚାରିତ ହେଇଥିଲାକି ନାହିଁ କେଜାଣି ?
ଅଭ୍ୟସ୍ତ ସିପାହୀଟେ ପରି
କେତେ ସଅଳ ପୁଣି ନିର୍ଭୀକ ଭାବେ
କହି ପାରିଥିଲା:
"ମେରା ଭାରତ ମହାନ" ।।

ଯେତେବେଳେ
ରକ୍ତ ଝରା ଗୋଧୂଳି ଛାତିରେ
ଧଳାରଂଗ ପବନ ତା'ର
ଆଖିରେ ଜକେଇ ଆସୁଥିବା ଲୁହ ପୋଛେ
ଅନାଏ, ଦେଖେ
ମୃତକଙ୍କ ଭିତରେ
ଗୋଟେ କୁନି ଈଶ୍ୱର ॥

(ସେପ୍ଟେମ୍ବର ୨୪, ୨୦୦୨ ମସିହା, ଗୁଜୁରାଟର ଅକ୍ଷରଧାମ ମନ୍ଦିରରେ
ଆତଙ୍କବାଦୀଙ୍କ ଗୁଳିରେ ପ୍ରାଣ ହରାଇଥିବା କୁନିପିଲାଟିକୁ ଉତ୍ସର୍ଗୀକୃତ)

ଖାଲି ହାତରେ

କେବଳ
କବିତା ମାଗେ ଖାଲି ହାତରେ
କୁନି କୁନି ତାରାମାନେ ଯେମିତି
ଖାଲି ଆକାଶରେ
ଆମର ପିଲାମାନଙ୍କ
ଶକ୍ତପାଦ ଯେମିତି
ଖାଲି ମାଟିରେ

ବାସ୍
ଆଉ କିଛି ନୁହେଁ

ସକଳ ଐଶ୍ୱର୍ଯ୍ୟ
କେବଳ
କବିତା
ଏଇ ଖାଲି ହାତରେ ।।

BLACK EAGLE BOOKS

www.blackeaglebooks.org
info@blackeaglebooks.org

Black Eagle Books, an independent publisher, was founded as a nonprofit organization in April, 2019. It is our mission to connect and engage the Indian diaspora and the world at large with the best of works of world literature published on a collaborative platform, with special emphasis on foregrounding Contemporary Classics and New Writing.

www.ingramcontent.com/pod-product-compliance
Lightning Source LLC
Chambersburg PA
CBHW020543080526
44583CB00013B/966
9781645603887